Hier kommt die Hatze

Verrückte Vorlesegeschichten von Sylvia Englert

Mit Illustrationen von Sabine Dully

KNESEBECK

Für Robin, unsere Superhatze

Inhalt

Die Hatze taucht auf

Es ist etwas sehr Schönes, wenn ein Tier sich aussucht, bei einem zu wohnen. »Zulaufen« nennen das die Erwachsenen. Und am allerbesten ist es, wenn einem eine Hatze zuläuft.

Aber das weiß Mia an diesem Tag noch nicht. Einem Sommertag, der bisher genauso blöd gewesen ist wie alle anderen in letzter Zeit. Gerade hat Levin, eins der anderen Vorschulkinder, sie geschubst und ihr Sand in die Augen geworfen. Natürlich so, dass Frau Krone es nicht gesehen hat. Und als Mia die Tränen in die Augen treten, sagt Levins Freund Nico auch noch: »Heulsuse, Heulsuse!«, und lacht.

»Du bist so gemein!«, schreit Mia zurück. Zum Glück wird nun eine Schaukel frei, Nico und Levin rennen hin und lassen sie in Ruhe.

Mia wischt sich eine Träne ab und schaut sich nach jemandem um, mit dem sie spielen kann. Doch das Problem ist, so jemanden gibt es nicht. Die anderen Kinder sind mit ihren Freunden beschäftigt, die sie alle schon ewig kennen. Bestimmt haben sie schon als minikleine Babys in Wiegen nebeneinander gelegen! Nur Mia ist mit niemandem hier befreundet, weil sie mit ihren Eltern und Benny erst vor ein paar Wochen hergezogen ist. Obwohl sie manche Kinder schon beobachtet hat und nett findet, zum Beispiel Lukas mit dem dunkelbraunen Wuschelkopf. Aber der spielt gerade mit jemand anderem. Also holt sie sich eine Schaufel und buddelt ein bisschen im Sand, bis die anderen endlich, endlich rufen: »Mia, die wird abgeholt, von der Polizei geholt!«

Immerhin wissen die anderen schon, wie sie heißt.

Am Gartentor steht zum Glück nicht die Polizei, sondern ihre Mama mit ihrem großen Lächeln und den vielen Locken, die genau die Farbe von Vollmilchschoko haben. An der Hand hält sie Benny, der gerade mit einem Stock am Zaun des Kindergartens Musik macht.

»Na, war's gut heute?«, fragt Mama.

»Geht so«, sagt Mia. Ändern kann Mama schließlich nichts daran, dass es im Kindergarten so blöd ist. Um Nico und Levin zum Mond zu schießen, bräuchte man eine richtig starke Rakete, und sowas haben sie leider nicht zu Hause.

Wenn ich schon keine Freunde habe, denkt Mia, brauche ich wenigstens ein Haustier! Sie wünscht sich schon seit mindestens tausend Jahren eins. Also bettelt sie beim Abendessen mal wieder: »Ich hätte so gerne einen Hund, kann ich einen Hund haben?«

»Nein, leider nicht«, sagt ihr Papa, der manchmal ziemlich streng sein kann.

»Eine Katze wäre auch prima«, sagt Mia mit letzter Hoffnung.

Ihre Mutter schüttelt den Kopf. »Auch keine Katze – wir hätten gar nicht die Zeit, uns um die zu kümmern.«

Trotzig ruft Mia das Erste, das ihr in den Kopf kommt. »Dann will ich eben eine Hatze!«

»Was ist das denn?«, fragt ihr Papa erstaunt.

»Sag ich euch morgen«, verkündet Mia und hilft absichtlich nicht beim Tischabräumen, weil in ihrem Bauch ein so großer Klumpen Traurigkeit ist. Mit so einem Klumpen kann man unmöglich Teller durch die Gegend tragen. Stattdessen geht sie rüber zu ihrem Lego-Haus mit dem großen Aussichtsturm, das sie gerade baut.

Auch am nächsten Tag macht sie daran weiter, nachdem sie den Kindergarten endlich überstanden hat.

»Das ist ein schöner Murm«, sagt ihr kleiner Bruder und streckt die Hand nach ihrem Haus aus. Zum Glück ist Mia schneller und hält ihn auf. »Ja, ja, weiß ich, Benny. Ein echt schöner Turm, aber Anfassen ist verboten!«

In diesem Moment klingelt es an der Tür. Neugierig hebt Mia den Kopf und geht aufmachen, obwohl sie das eigentlich nicht soll. Vielleicht ist es ja der Postbote.

Nein, kein Postbote. Vor der Tür steht ein seltsames Wesen. Es ist kein Hund. Es ist keine Katze. Irgendwie ... beides. Es ist ungefähr doppelt so groß wie der Kater von nebenan. Zu dem grauschwarz gestreiften Fell hat das Wesen einen Hundeschwanz mit weißer Spitze, der gerade wedelt. Außerdem große Ohren. Fast so groß wie die einer Fledermaus.

»Äh, hallo«, sagt Mia, weil ihr nichts Besseres einfällt. Das Wesen trägt einen hellbraunen Koffer in der Schnauze. Ist es vielleicht doch eine Art Postbote, soll es den hier abgeben?

Mit freundlichen grünen Katzenaugen blickt das Wesen zu Mia hoch. »Hallo, Mia!«, hört sie es sagen, und zwar ganz deutlich, obwohl es doch eigentlich das Maul voll hat. »Du hast mich gerufen. Hier bin ich!«

»Dich gerufen?« Mia rätselt. »Du bist ein Hund, oder?«

Das Tier schüttelt den Kopf.

»Dann bestimmt eine Katze!«

»Darfst nochmal raten«, sagt das Wesen.

Plötzlich erinnert sich Mia an ihre Haustier-Bettelei und strahlt. »Oh, bist du etwa eine Hatze? Ich hab ja gesagt, dass ich eine will!«

»Ganz genau, und das hab ich gehört«, sagt das Wesen gut gelaunt und dann marschiert es einfach an ihr vorbei ins Haus. Ganz selbstverständlich, so als würde es hier wohnen.

Aus dem Wohnzimmer erschallt ein lautes Krachen. O nein! »Benny, lass das!«, ruft Mia und rennt zurück, doch es ist schon zu spät. Benny schaut verlegen drein, und ihr schönes Haus mit den vielen Zimmern und dem Aussichtsturm ist nur noch ein Durcheinander. Dabei hat sie so lange daran gearbeitet!

»Gar kein Problem«, sagt die Hatze, senkt den Kopf, um den Koffer abzustellen, und geht mit Pfoten und Schnauze ans Werk. Mit offenem Mund schauen Mia und Benny zu. Mia hat kaum Zeit, siebenmal zu blinzeln, da steht ihr Haus schon wieder vor ihr und sieht sogar noch ein bisschen schöner aus als vorher!

»Danke, echt nett von dir«, sagt Mia. »Sind alle Hatzen so praktische Tiere?«

»O ja«, versichert die Hatze und blickt sich kurz im Wohnzimmer um. Zielstrebig geht sie auf Mamas Lieblings-Fernsehsessel zu, den allerbequemsten Platz in der Wohnung. »Hatzen sind sehr intelligent. Aber es gibt nur ganz wenige von uns. Es war also Glück, dass ich gerade in der Nähe war und gehört habe, dass du eine Hatze brauchst!«

Fasziniert schaut Mia zu, wie die Hatze einen kurzen Umweg macht, um den Fernseher einzuschalten. Dann rollt sie sich gemütlich im Sessel zusammen. Mit der Schnauze drückt sie auf die Fernbedienung, um durch die Sender zu wechseln, und fragt: »Sagt mal, habt ihr kein Hatzen-TV?«

Erschrocken hört Mia, dass ihre Mutter die Treppe herunterkommt, wahrscheinlich um zu sehen, was hier im Wohnzimmer los ist. O je, was wird sie dazu sagen, dass jemand ihren Sessel belegt? Und dazu, dass die Fernbedienung jetzt ganz viele Nasenabdrücke hat?

Als ihre Mutter sich umblickt, sackt ihr ganz langsam die Kinnlade herunter. »Mia, was ist das da in meinem Fernsehsessel?«, fragt sie ziemlich laut, nachdem sie den Mund wieder zubekommen hat.

»Eine Hatze natürlich – *meine* Hatze«, erklärt ihr Mia und wartet auf das Donnerwetter, das jetzt garantiert losbrechen wird. Doch noch während ihre Mutter Luft holt, legt die Hatze den Kopf schief, stößt ein leises »Miuff« aus und schaut aus großen Augen zu ihr hoch. Und das Wunder geschieht.

»Also, die ist wirklich sehr süß«, sagt ihre Mama und streichelt der Hatze über den Kopf. »Und so weich!«

»Aber hallo, hab mein Fell extra frisch abgeschleckt«, erklärt die Hatze, was ihre Mutter nicht mitzubekommen scheint. Vielleicht höre ich die Hatze nur in meinen Gedanken, überlegt Mia. Vielleicht kann nur ich sie hören, weil ich sie gerufen habe? Hoffentlich darf ich sie behalten!

Tatsächlich, noch bevor das Abendessen vorbei ist, hat ihre Mutter Mias Vater überredet. »Na gut, das Tier – was auch immer es ist – darf bleiben«, sagt ihr Papa und scheint sich ein bisschen über sich selbst zu wundern.

Die Hatze zwinkert Mia zu, und Mia zwinkert zurück.

»Toll!«, jubelt Benny. Weil gerade niemand hinschaut, schnappt er sich heimlich einen zweiten Löffel Schokocreme.

Mia lächelt still vor sich hin. Sie hat das Gefühl, dass ihre Eltern sowieso keine Wahl gehabt haben. Diese Hatze – ihre Hatze! – hat beschlossen, bei ihnen zu wohnen, und dabei bleibt es.

Mia hat so eine Ahnung, dass ihr Leben von jetzt an ganz anders werden wird – und bestimmt nicht langweiliger!

Hatzenhaltung für Einsteiger

»Gute Nacht, Mia!«, sagt ihre Mutter und gibt ihr einen Gutenachtkuss. »Es war ein aufregender Tag für dich, aber jetzt wird geschlafen. Dein Tier bleibt nachts im Wohnzimmer, damit es dich nicht versehentlich aufweckt.«

Mütter haben ja keine Ahnung! Hatzen machen bestimmt nichts versehentlich!

»Schlaf du auch gut«, antwortet Mia brav und kuschelt sich in ihre Bettwäsche mit den Papageien darauf. Aber nur ungefähr eine Millisekunde lang. Sobald im Flur alles ruhig ist, schleicht sie sich zur Tür. »Hatze? Kommst du?«

»Schon da«, sagt ihre Hatze und stolziert mit dem Koffer im Maul in Mias Zimmer. Dort testet sie eins von Mias hellgrünen Kissen mit der Pfote, beschnuppert ihre Sammlung hübscher Steine und schaut sich Mias Hunderassenposter an.

»Da ist leider keine Hatze drauf«, entschuldigt sich Mia.

»Na sowas, dabei sind wir viel hübscher als diese Doggen, Möpse und Boxer.« Ganz zufällig muss die Hatze heftig niesen, und einige schleimige Tropfen landen auf dem Poster. »Ups! Das tut mir aber leid«, sagt sie mit einem unschuldigen Blick, der irgendwie nicht ganz echt aussieht.

»Nicht schlimm«, meint Mia tapfer und wischt ihr Poster mit einem Taschentuch ab. Dann fragt sie gespannt: »Was hast du eigentlich in diesem Koffer?« Anziehsachen brauchen Tiere ja nicht. Vielleicht Reiseproviant?

»Moment«, sagt die Hatze, klappt ihr Köfferchen auf und holt ein Ding nach dem anderen heraus. Eine orangefarbene Schmusedecke. Einen Wetzstein zum Krallenschärfen. Und ein seltsames Gerät mit heraushängenden Kabeln.

»Was ist das denn?«, wundert sich Mia.

»Ach, nur mein Molekulardefibrillator. Hochgeheim. Er ist leider gerade kaputt.«

»Oh«, sagt Mia. »Und das da?« Es sieht aus wie ein Stoffhamster, aber das kann nicht sein, wahrscheinlich ist es auch ein geheimes Gerät mit unaussprechlichem Namen.

»Das ist ein Stoffhamster, sieht man das nicht?«, antwortet die Hatze und zieht das Stofftier an einem Rädchen mit den Zähnen auf. Sofort beginnt der Hamster über den Boden zu flitzen. Begeistert jagt die Hatze hinterher. Kissen fliegen durch die Gegend, ein Hocker kippt um, Mias Pony-Poster flattert und hängt dann schief von der

Wand. Wedelnd sitzt die Hatze wieder vor dem Bett, den Aufziehhamster im Maul. »Richtig gut für den Kreislauf, wenn man gerade ein bisschen müde ist!«

Erschrocken blickt Mia zur Tür. Doch zum Glück schauen ihre Eltern gerade einen Film, der noch lauter ist.

»Darf ich dich ein bisschen streicheln?«, fragt Mia.

»Oh, gerne«, sagt die Hatze, und Mia krault sie am samtweichen Kopf. Soso, Hatzen gurren also, wenn sie sich wohlfühlen. Doch nach einer Weile gähnt ihr neues Haustier und sagt: »Jetzt muss ich ein bisschen schlafen. Ich wünsch dir eine pelzige Nacht!«

»Ich dir auch.« Neugierig schaut Mia zu, wie die Hatze ihre Schmusedecke in ihren Koffer legt, sich darauf zusammenrollt und den Koffer wieder zuklappt. Zipp! Schon hat sie von innen den Reißverschluss zugezogen, bis nur noch die weiße Schwanzspitze zu sehen ist.

Die sieht auch Benny, als er gleich am nächsten Morgen reingerannt kommt. Und natürlich muss er sofort daran ziehen. »Wiau!« jault der Koffer auf, dann springt er hoch, kippt und poltert durchs Zimmer. Mia und Benny lachen, bis ihnen der Bauch wehtut.

»Das war ein echt komischer Traum, der mich geweckt hat«, sagt die Hatze, als sie aus dem Koffer hervorgekrochen kommt. Sie schüttelt sich, schleckt sich übers Fell und blickt Mia erwartungsvoll an. »Ab zum Frühstück!«

Mia fällt ein, dass sie gar nicht weiß, was Hatzen fressen. Hunde- oder Katzenfutter? Keins von beidem haben sie im Haus. Schnell zieht Mia sich an, reißt die Haustür auf und läuft nach nebenan zu Frau Müller, die zwei Katzen hat, Raufi und Schnaufi. »Könnte ich vielleicht eine Dose von Ihrem Futter haben?«

»Ja, natürlich«, sagt Frau Müller und schaut ein bisschen verwirrt drein. Aber Mia hat jetzt keine Zeit zum Erklären. Sie saust zurück, gerade rechtzeitig. Während Mama und Papa Brot auf den Tisch stellen, Kakao machen und Apfelstücke schneiden, präsentiert Mia der Hatze stolz ein Schälchen mit *Schnurriputz extrafein*. Doch die Hatze hat keine Lust zu probieren. »Riecht nicht sehr lecker«, sagt sie nur.

Das stimmt leider.

»So, wir fangen an, guten Appetit«, sagt Mias Mutter, und Mia betrachtet ohne Begeisterung den Apfelschnitz auf ihrem Teller. Obst ist nicht so ihr Fall. Vielleicht hat sie ja ganz großes Glück? Heimlich schnappt sie das Stück Apfel von ihrem Teller und hält es unter dem Tisch der Hatze hin.

»Von Obst und Gemüse bekommen Hatzen ein stumpfes Fell«, erklingt es unter dem Tisch. Schade!

Hatzenhaltung ist gar nicht so einfach, denkt Mia und beginnt zu grübeln, was sie ihrem neuen Haustier noch anbieten kann.

Weil Benny ihren Eltern vormachen will, wie die Hatze in ihrem Köfferchen herumgehüpft ist, fällt ihm ein halbes Brot mit Schoko-Aufstrich runter. Es kommt nicht am Boden an, die Hatze fängt es in der Luft auf. Dann hört Mia die Hatze zufrieden kauen und muss grinsen. Ah, so ist das! Hatzennahrung unterscheidet sich gar nicht so sehr von ihrem eigenen Lieblingsessen.

»Am liebsten fresse ich übrigens Waffeln und trinke dazu Kakao«, tönt es unter dem Tisch hervor.

»Kakao haben wir, magst du welchen?«, erkundigt Mia sich und zurück kommt ein freudiges »Miuff!«

Weil sie ihren Kakao verschenkt hat, fragt Mia ihren Papa: »Darf ich ein bisschen Milchschaum haben?« Doch von dem ist leider nichts übrig, und die Kaffeemaschine anzufassen ist ihr und Benny ganz streng verboten.

»Macht nichts, ich weiß, wie wir das selber machen können«, flüstert ihr die Hatze zu.

Als ihre Eltern sich die Zähne putzen, machen sie und Mia sich an die Arbeit.

»Schritt eins – man nehme eine Tasse Milch und ein paar Strohhalme«, sagt die Hatze und gräbt die Eckzähne in die Milchtüte, sodass etwas in die nächstbeste Tasse sprudelt. Sie schmuggeln die Tasse und alle weitere Ausrüstung zum Esstisch.

»Schritt zwei – die Halme in die Nasenlöcher stecken. Schritt drei – die Halme in die Tasse mit Milch tunken«, erklärt ihr die Hatze. »Schritt vier – losblubbern!«

Das ist total lustig, die Milch schäumt wild nach oben und sogar aus der Tasse raus. Es sieht aus wie ein weißer Vulkan, der in ihrer Tasse ausbricht. Leider bekommt Mia jetzt Milch in die Nase und prustet sie über den halben Tisch. Den nächsten Versuch macht sie lieber mit einem Strohhalm im Mund, das geht besser.

Nur so richtig trinken mag Mia die aufgeschäumte Milch nicht mehr. Das macht aber nichts, dafür steht schon die Hatze bereit. Schlabber, gluck – schon ist die Tasse leer und alles sieht aus wie geleckt, was es ja auch ist.

Von unten ruft Papa: »Mia, wir müssen bald los, hast du deine Zähne geputzt?«

Kein Problem, Mia rennt ins Bad, schrubbt sich mit der Zahnbürste ein paarmal im Mund herum und ruft ein »Ja!« zurück.

Schon beim Gedanken daran, dass sie jetzt wieder in den blöden Kindergarten muss, fühlt es sich an, als wäre ihr Körper schwer wie ein Stein. Aber dann bekommt der Stein auf einmal Flügel. Denn neben ihr liegt ihr neues superschlaues Haustier auf dem Badezimmerteppich und gurrt, weil Benny ihm den Bauch krault.

»Hatze, sag mal, weißt du, was man machen kann, wenn einen andere Kinder immer wieder ärgern?«, fragt Mia.

»Na klar«, sagt die Hatze. »Ich kenne die Drei-Schritt-Methode, wie man gemeine Kinder unschädlich macht. Soll ich dir die beibringen?«

»O ja, bitte!«

Ihr Papa hat sich fertig umgezogen und kommt herunter, mit schickem Hemd, weil er gleich zur Arbeit muss. »Hm, der Tisch sieht heute irgendwie komisch aus, was sind das denn für weiße Spritzer?«

»Keine Ahnung«, versichert Mia unschuldig, nimmt seine Hand und geht mit ihm nach draußen. Los geht's zum Kindergarten – und diesmal kommt die Hatze mit!

Beutelteufel

Ausgerechnet dann, als sich Mia und ihr Papa an der Tür des Kindergartens verabschiedet haben, wird auch Nico gebracht. Er zieht eine fiese Grimasse, als er Mia sieht, und blickt dann verdutzt auf die Hatze hinunter. »Was ist das denn für ein Vieh?«, fragt er und tritt der Hatze, die sich vor die Tür gesetzt hat, ganz fest auf den Schwanz.

»Wiaaauuuu!«, jault die Hatze, springt mit allen vier Pfoten gleichzeitig in die Luft und sieht durch ihr gesträubtes Fell doppelt so groß aus wie vorher.

»Aua!«, schreit Nico auf, springt gleichzeitig zurück und plumpst auf den Popo. Die Hatze hat ihm eine rote Kratzspur auf dem Bein verpasst. Geschieht ihm recht, findet Mia und freut sich ein ganz kleines bisschen.

»Oh, mein armer, kleiner Schatz!«, ruft Nicos Mutter, die sehr schick angezogen ist, und dann drückt sie Nico und küsst ihn ab, als wäre er ein Baby. »Hast du ein sehr schlimmes Aua? Was für ein böses, böses Tier!«

Doch zum Glück hat Celine, eine Erzieherin aus ihrer Eichhörnchen-Gruppe, alles beobachtet. »Wenn du einem Tier wehtust, dann wehrt es sich, Nico, da musst du dich nicht wundern«, sagt sie, erst dann geht sie ein Pflaster holen.

»War das schon Schritt eins?«, fragt Mia die Hatze ein bisschen eingeschüchtert.

»Äh, nein«, sagt die Hatze verlegen und schleckt sich über das Fell, damit es wieder ordentlich aussieht. »Das war ein Reflex. Schritt eins ist eigentlich *Ruhig bleiben und keine Angst zeigen.*«

Mia weiß nicht genau, was ein Reflex ist, aber sie kann es sich ungefähr vorstellen. »Ach so. Du meinst, wenn Nico und Levin mich ärgern, soll ich mich nicht aufregen. Und so tun, als wäre es mir egal?«

»Genau. Aber ich weiß, das kann so schwer sein wie Weitwerfen mit Elefanten.« Die Hatze wirft Nico einen finsteren Blick hinterher und klappt die Fledermausohren nach hinten.

Natürlich darf die Hatze nicht mit rein in den Kindergarten, das hat sich Mia schon gedacht. Aber sie macht es sich im Gras vor dem Zaun gemütlich. Ab und zu, wenn ihre Gruppe draußen spielen darf, besucht Mia ihr neues Haustier und versucht es durchs Gitter zu kitzeln, weil die Hatze dann so schön »Miuffuffuff« macht.

Schon bald kommt noch jemand anderes vorbei – die beiden Katzen von Frau Müller, Raufi und Schnaufi. Ein roter Kater und eine grau-weiße Katze. Sie werfen der Hatze neugierige Blicke zu und miauen.

»Kannst du verstehen, was die sagen?«, fragt Mia neugierig.

»Klar«, sagt die Hatze und schleckt Mia durch den Zaun über das Ohr. »Du jetzt auch.«

Das ist ja cool! Jetzt kann Mia die beiden tatsächlich verstehen. Was sie sagen, ist leider nicht sehr nett.

»He, Fremder, du bist ja groß. Sag deinem Frauchen mal, es soll dir weniger Dosen aufmachen!«, gibt Raufi, der rote Kater, hämisch von sich.

Schnaufi rümpft das Näschen. »Und was ist mit deinen Ohren los? Ist da einer deiner Dosenöffner draufgetreten?«

Doch die Hatze scheint sich nicht darüber zu ärgern. »Mit meinen Ohren ist gar nichts los«, sagt sie ganz locker. »Und Dosenfutter fresse ich nie, das ist doch eklig.«

Schnaufi und Raufi gucken dumm. Klar, sie bekommen das Zeug täglich und schlingen es garantiert brav runter!

Raufi schleicht um die Hatze herum und wagt einen neuen Versuch. »Wie nennen dich die Leute? Fledermausi? Mausi, Mausi!«, trällert er und schlägt mit ausgefahrenen Krallen nach der Hatze.

Schnaufi legt nach: »Ich würde morgen lieber drin bleiben, soll windig werden. Mit diesen Ohren fliegst du glatt weg, haha!«

Die Hatze beachtet sie ungefähr so sehr, als wären Schnaufi und Raufi zwei Regenwürmer, die sie gerade mit winzigen Flüsterstimmchen vom Komposthaufen her anschreien. Ah, das ist also der Schritt eins! denkt Mia.

Nach ein paar Minuten wird es den beiden Nachbarskatzen langweilig, sie maulen noch ein bisschen herum und ziehen ab. Auch die Hatze macht sich auf den Weg. »Ich brauche ganz dringend ein Mittagsschläfchen«, meint sie und gähnt.

»Aber es ist doch noch gar nicht Mittag«, wendet Mia ein.

»Wenn ich aufwache, schon!«, sagt die Hatze und wedelt.

Doch bevor sie davonschlendern kann, steht plötzlich jemand neben Mia am Zaun, und die Hatze bleibt stehen und spitzt die großen Ohren. Anscheinend ist sie ziemlich neugierig.

»Was ist das eigentlich für eine Hunderasse?«, fragt Mareike. Sie hat blonde Haare im Pferdeschwanz und hübsche bunte Tier-Spangen. Meistens spielt sie mit ihren Freundinnen Nesrin und Sophia Pferdchen, noch nie hat sie mit Mia gesprochen. »So eine habe ich noch nie gesehen!«

»Sie ist gar kein Hund«, erklärt Mia.

Mareike schaut interessiert. »Echt nicht? Vielleicht ein Tasmanischer Beutelteufel oder wie die heißen? Darüber habe ich neulich was im Fernsehen gesehen.«

Über das mit dem Teufel muss Mia lachen. »Nein, das ist eine Hatze.«

»Bist du sicher, dass es kein Hund ist? Schau mal, wenn ich ein Stöckchen werfe, holt er es bestimmt zurück!« Mareike nimmt einen abgebrochenen Zweig und wirft ihn über den Kindergartenzaun.

Die Hatze schenkt ihr einen »Du spinnst wohl, was soll ich damit?«-Blick.

»Na gut, vielleicht doch kein Hund«, sagt Mareike und lächelt Mia an. »Gehört der wirklich dir?«

»Sie wohnt bei uns«, erklärt Mia, denn dass die Hatze ihr gehört, kann man nicht wirklich sagen. »Du darfst sie gerne streicheln, wenn du magst, sie ist ganz lieb.«

Mareike traut sich noch nicht ganz. »Aber sie hat Nico vorhin gekratzt, oder?«

Da sagt die Hatze ganz leise »Miuff« und schaut sie mit ihren großen, lieben Augen an.

Mareike kann nicht wiederstehen und krault ihr das Fell. Genüsslich drückt sich die Hatze ans Gitter und gurrt. Ein paar andere Kinder kommen neugierig heran und machen mit beim Streicheln, ehe Frau Krone und Celine sie zum Mittagessen nach drinnen rufen. Alle stellen Fragen zur Hatze, und als Mia schließlich nach drinnen läuft, fühlt sie sich ganz froh und leicht.

Aber nicht sehr lange, denn da kommen Nico und Levin schon, um sie wieder zu ärgern. Als sie an Mia vorbeigehen, schnippt Nico von seinem Teller ein Stück Brokkoli herunter. Es fällt Mia in den Schoß und darüber lachen sich die beiden kaputt. Erst will Mia wütend werden und sich bei Frau Krone beschweren, aber dann denkt sie: Nein, ich mach jetzt Schritt eins – ruhig bleiben!

Nur leider drückt sie bei all dem anstrengenden Ruhigbleiben so fest gegen ihren Tellerrand, dass der Teller einen halben Salto macht. Zack, schon ist auch all ihr eigener Brokkoli auf ihrer Hose gelandet. Dort türmt sich jetzt ein grüner Berg, von dem Soße heruntertropft. O nein, auch das noch!

»Mia, komm, wir gehen schnell rüber und waschen das aus«, sagt Celine und nimmt sie bei der Hand. »Leider ist kein Gemüse mehr da, aber du kannst stattdessen noch ein paar Nudeln haben.«

Das heißt, Mia muss heute kein Gemüse essen! Nico und Levin lachen nicht mehr, sondern schauen neidisch drein. Damit haben sie wohl nicht gerechnet.

Ha! Schritt eins hat besser geklappt als gedacht. Das kann sie heute Nachmittag der Hatze erzählen. Mia ist schon neugierig, was der Schritt zwei ist. Vielleicht zurückärgern? Das könnte sie schon mal ausprobieren.

Es dauert eine Weile, bis Mia sich das traut. Aber als die beiden am Nachmittag mit Knete herummanschen, geht sie ganz nah an ihnen vorbei. »Du, Nico«, sagt sie. »Hast du schon gewusst, dass man pelzige Ohren bekommt, wenn man von einem Tasmanischen Beutelteufel gekratzt worden ist?«

Vor Schreck klatscht Nico die Knete herunter und die sieht aus wie ein grau-lila Hundehaufen auf dem Boden. »Du schwindelst doch!«, ruft er, aber er sieht nervös aus.

Mia rennt schnell ins Bad, da endlich kann sie loski-chern. Ob sich Nico morgen besorgt im Spiegel anschaut, ob ihm über Nacht ein Fell gewachsen ist?

Bestimmt!

Spione

»Was ist denn nun wirklich der zweite Schritt?«, fragt Mia, nachdem sie der Hatze das mit dem Brokkoli und dem Beutelteufel erzählt hat.

»Schritt zwei lautet *Kenne deinen Feind*«, verkündet die Hatze und kratzt sich mit dem Hinterbein am linken Ohr. Mia setzt sich auf den Teppich und versucht, es ihr nachzumachen, aber sie kommt mit dem Bein nicht so hoch. »Und was heißt das?«, fragt sie.

»Dass wir jetzt spionieren gehen«, erklärt die Hatze. »Wir müssen mehr über Nico und Levin herausfinden.«

Das klingt interessant und ein bisschen gefährlich. »Ich weiß, wo Nico wohnt – am Ende unserer Straße«, berichtet Mia. »Aber was ist, wenn die beiden merken, dass wir sie ausspionieren?«

»Wir müssen natürlich inkognito ermitteln, ist doch klar.« Die Hatze wedelt mit dem Schwanz.

»Äh, was?«

»Wir tarnen uns so gut, dass niemand uns erkennt!«

Mia peilt kurz die Lage – ihre Mama ist gerade beschäftigt, sie badet Benny. Gut! Kurz darauf wühlen sie sich zusammen durch Mamas Kleiderschrank, dann nehmen

sie sich Papas Schrank vor und anschließend die Winter-
kiste im Keller.

»Wie findest du das?«, fragt Mia schließlich. Sie trägt
einen blau-weiß gemusterten Schal und eine hellbraune
Mütze von Mama, die so groß ist, dass sie sie sich tief ins
Gesicht ziehen kann.

»Perfekt«, versichert ihr die Hatze zufrieden. Sie selbst
trägt ein gelbes T-Shirt von Mama, aus den Ärmellöchern
ragen ihre Vorderpfoten heraus. Außerdem hat sie sich
eins von Papas Käppis – das mit einem gemalten Bierkrug
drauf – aufgesetzt und dazu eine Sonnenbrille.

»So erkennt uns garantiert keiner«, meint Mia zufrieden und ruft hoch zu ihrer Mutter: »Ich bin mal kurz draußen!«

Weil sie schon ein Vorschulkind ist, darf sie bis zur nächsten Kreuzung gehen. Zwei- oder dreimal war sie am Wochenende sogar schon alleine bei der Bäckerei, um Brötchen zu holen. Aber zu Nico geht es die Straße in die andere Richtung entlang.

»Puh, ist dir auch so warm?«, sagt Mia zu ihrem neuen Haustier, denn es ist ein sonniger Tag im Juni.

»Nein, wieso?«, fragt die Hatze, die gut gelaunt neben ihr hergeht.

»Nächstes Mal machen wir das mit der Verkleidung umgekehrt, du nimmst die Mütze und ich kriege die Sonnenbrille«, ächzt Mia.

Dann sind sie vor dem Haus angekommen, in dem Nico wohnt. Unauffällig ziehen sich Mia und die Hatze hinter einen Busch im Vorgarten des gegenüberliegenden Hauses zurück. Leider ist Nico nirgendwo in Sicht, und nach ungefähr zwanzig oder dreißig Minuten wird Mia ungeduldig. »Was machen wir, wenn der Blödmann den ganzen Tag in seinem Zimmer hockt und wir gar nichts mitbekommen?«

»Hm.« Die Hatze denkt nach. »Weißt du, wo sein Zimmer ist?«

»Im ersten Stock«, meint Mia und hat eine Idee. »Ich könnte den Baum da hochklettern und versuchen, ob ich durch sein Fenster schauen kann ...«

Und genau das macht sie dann auch. Sie kann nämlich richtig gut klettern, und der Baum hat dicke Äste. Aufgeregt späht Mia in das Zimmer, das sie von hier oben erkennen kann. Es ist niemand drin. »Aha, er hat einen Fußball neben dem Bett, ein Spiderman-Poster an der Wand, Spiderman-Bettwäsche und ...«

»Miuff! Es kommt jemand«, warnt sie die Hatze.

So schnell, dass Spiderman es bestimmt nicht besser gekonnt hätte, hangelt sich Mia wieder vom Baum herunter. Leider ist keine Zeit mehr, über die Straße zu ihrem Versteckgebüsch zu rennen. Also schnüffelt die Hatze ganz unschuldig an einer Laterne und Mia tut so, als hätte sie auf dem Bürgersteig irgendwas verloren.

Ein älterer Mann schließt die Haustür auf. »Haben sie heute noch Schnee vorhergesagt?«, sagt er zu Mia und lächelt.

»Weiß ich leider nicht«, sagt Mia höflich.

Währenddessen hat die Hatze anscheinend nachgedacht, denn nun schlägt sie vor: »Vielleicht könntest du ein Spiderman-T-Shirt im Kindergarten anziehen, Nico greift dich bestimmt nicht an, solange du das trägst.«

»Gute Idee!«, meint Mia.

Spionieren ist tatsächlich gefährlich. Nachdem sie sich noch einmal um Nicos Haus geschlichen haben, steht da ein anderes Kind und schaut sie fragend an. Zum Glück weder Nico noch Levin. Es ist Nesrin aus dem Kindergarten, eine Freundin von Mareike. Sie hat einen Umschlag in der Hand.

»Oh, hallo Mia – was macht ihr da?«, fragt sie.

Mia spürt, wie ihr Gesicht knallrot wird. Die Tarnung hat nicht ganz so gut gewirkt, wie sie gedacht hat. »Hm, äh, wir spionieren«, gibt sie schließlich zu. Bestimmt wird Nesrin gleich loslachen und sich über sie lustig machen!

Doch Nesrin lacht nicht. »Das ist cool«, meint sie. »Ich will später übrigens Geheimagentin werden. Aber vielleicht auch Pferdetrainerin. Oder Astronautin.«

»Ah«, sagt Mia erleichtert und lächelt Nesrin an.

»Ich muss noch zum Briefkasten – bis morgen!«, sagt Nesrin und geht weiter.

Mia fühlt ein komisches Kribbeln im Magen. Heute hat sie schon mit Mareike geredet *und* mit Nesrin! Vielleicht lassen die sie morgen mal mitspielen?

Ihre Mama guckt ziemlich verdutzt, als Mia verkündet, dass sie ganz dringend ein Spiderman T-Shirt braucht. »Ich dachte, du hast Angst vor Spinnen«, meint sie.

»Na ja, ... äh, aber T-Shirts mag ich«, druckst Mia herum.

Die Hatze sagt: »Ach, die meisten Spinnen, die ich kenne, sind ganz nett.«

»Du kennst Spinnen?«, quiekt Mia.

»Mit wem redest du eigentlich?« Mias Mama guckt noch verdutzter.

»Mit der Hatze!«, sagt Benny. Diese Petze! Doch zum Glück lacht Mama nur und teilt Gummibärchen aus. Benny bekommt ein grünes und Mia ein rotes. »Papa ist noch in der Stadt, vielleicht kann der mal schauen, ob er so ein T-Shirt findet. Ich schreib ihm gleich eine Nachricht.«

»Danke, das ist echt lieb!«, ruft Mia und rennt nach oben in ihr Zimmer. Sie zieht ihr rotes Gummibärchen mit den Fingern lang. Leider wird es dadurch nicht wirklich größer. »Sie hätte ruhig noch eins für dich rausrücken können«, sagt sie zur Hatze. »Oder zwei für mich!«

»Ich kenne einen Trick, wie man es dreimal so groß machen kann – es dauert nur ein bisschen«, meint die Hatze und macht es sich auf Mias Knautschsack bequem, in den sich eigentlich Mia setzen wollte.

»Oh! Echt? Zeig mal«, sagt Mia, und zusammen schleichen sie in die Küche.

»Schritt eins – nimm das Gummibärchen«, sagt die Hatze. »Schritt zwei – gieß Cola in ein Glas.« Das macht Mia natürlich gleich.

»Schritt drei – wünsch dem Bärchen viel Glück und gib ihm einen Abschiedskuss«, fährt die Hatze fort und wedelt mit dem Schwanz.

»Wieso Abschiedskuss, ich will es doch noch essen!«, protestiert Mia.

»Ja und? Willst du das arme kleine Gummibärchen ohne Bussi in sein Abenteuer schicken?«, sagt die Hatze ein bisschen empört, also gibt Mia dem Gummibärchen einen Kuss.

»Schritt vier – wirf das Ding in die Cola und warte ab«, erklärt die Hatze.

Erst als auf der bunten Uhr in Mias Zimmer eine ganze Stunde vergangen ist, gehen sie zum Nachschauen wieder in die Küche. Mia staunt. Die Hatze hat nicht zu viel versprochen, in der Cola liegt jetzt ein sehr großer, fetter Klumpen Bär! Er schmeckt ein bisschen glitschig, aber trotzdem noch gut.

Benny hat das Riesenbärchen gesehen, kurz bevor Mia es mit einem Löffel herausgefischt hat. »Ich will auch!«, quengelt er. Nur hat er sein Bärchen längst gegessen, bloß ein Stück Schoko findet sich noch in seiner Hosentasche. Leider passiert fast gar nichts, als er das in die Cola wirft. Nur ein paar Bläschen blubbern an der Schoko hoch. Zum Trost schleckt die Hatze Benny über die Nase, und Mias Bruder muss kichern.

Als Papa heimkommt, bringt er tatsächlich ein Spiderman-T-Shirt mit. Mia ist furchtbar gespannt auf morgen. Wird der Nico-Trick funktionieren?

Wasser marsch!

Ganz früh am nächsten Morgen zieht Mia ihr neues Spiderman-T-Shirt über, dann läuft sie noch vor ihren Eltern nach unten ins Wohnzimmer. Dort hat die Hatze übernachtet. Jetzt muss Mia der Hatze ganz schnell »Guten Morgen« sagen, damit sie sich nicht einsam fühlt!

Doch als sie das Wohnzimmer sieht, macht sie große Augen. Was ist denn hier passiert? An den Rändern des Zimmers liegen alle möglichen Sachen: ein Kuscheltier, eine Klopapierrolle, eine Fernbedienung. Und wo ist die Hatze? Aus der Küche hört sie Papas große Kaffeemaschine zischen. Aber Papa ist noch nicht auf und außer ihm – na ja, und ab und zu Mama – darf niemand seine Kaffeemaschine anfassen!

Als Mia in die Küche schaut, muss sie kichern. Ihre Hatze steht auf der Küchenplatte neben der Maschine, drückt mit der Schnauze Knöpfe und schlabbert dann etwas aus einer Tasse.

»Du glaubst nicht, was für eine wässrige Brühe da zuerst rauskam«, begrüßt ihre Hatze sie gut gelaunt. »Aber ich hab die Maschine richtig eingestellt. Kaffee muss so schwarz sein wie die Unterseite meiner Pfoten!«

»Ich mag lieber Saft«, meint Mia. »Was hast du eigentlich für Sachen im Wohnzimmer verstreut?«

»Ich habe mein Revier markiert, ist doch klar.« Die Hatze springt wieder auf den Küchenboden, jagt im Wohnzimmer eine Runde ihrem Aufziehhamster hinterher und lässt sich dann gemütlich in Mamas Lieblingssessel nieder.

»Gute Idee, das mit dem Revier«, sagt Mia. Eigentlich müsste sie das auch mal machen. Immer mal wieder kommt Benny heimlich in ihr Zimmer und richtet dort das totale Chaos an – so wie die Hatze im Wohnzimmer.

Mama und Papa kommen mit Benny auf dem Arm die Treppe herunter, um mit dem Frühstückmachen anzufangen. Das mit dem Kaffee fällt Mia erst wieder ein, als ihr Papa mit der Maschine hantiert, und dann ist es schon zu spät. Papa seufzt genüsslich und trinkt einen Schluck aus seiner Tasse.

Aber nur einen. Und den hat er auch nicht lange im Mund, er prustet ihn sofort über den Tisch, sodass alles braun gesprenkelt wird. Der Teller, die Butter und die

Wand. »Großer Gott!«, keucht er. »Das schmeckt ja scheuß-
lich. Mia, hast du was mit meiner Kaffeemaschine ange-
stellt?«

»Nein, hab ich nicht«, kann Mia ganz ehrlich sagen.
Die Hatze sagt gar nichts, sie schnarcht nur. Dabei hat Mia
mal gehört, dass starker Kaffee Menschen wach macht.
Vielleicht ist es bei Hatzen genau umgekehrt.

»Dein Tier ist ja schon wieder in meinem Sessel«, sagt
Mias Mutter und steht auf, um die Hatze runterzuscheu-
chen. »Es muss gleich mal lernen, dass das so nicht geht.
Und warum liegt hier überhaupt so viel Zeug herum?«

»War ich nicht«, sagt Mia und beißt in ihr Honigbrot.
Sie ist gespannt, was jetzt passiert.

Mit einem gewaltigen Gähnen wacht die Hatze auf,
aber das mit dem Runterscheuchen ist gar nicht so leicht.
Denn als Mias Mutter versucht, sie herumzukommandie-
ren, faltet sie einfach die großen Ohren zusammen und
singt: »Ich hör nichts, ich hör nichts!«

Als Mama versucht, die Hatze zu packen und vom
Sessel herunterzuheben, springt Mias Haustier blitzschnell
auf. »Netter Versuch!«, trällert sie und trampelt über die
Sofalehne, tanzt auf dem Couchtisch, springt weiter zur
Lampe und schaukelt kurz daran. Dann hechtet sie rüber
zum Regal und Bücher poltern zu Boden. Während Mama
und Papa hektisch versuchen Vasen, Bücher und Lampen

festzuhalten, kehrt die Hatze ganz in Ruhe in den Sessel zurück.

»Schnapp sie dir!«, schreit Papa, doch als Mama zugreifen will, ist die Hatze schon wieder ganz woanders. Diesmal rennt sie zum Klo neben dem Eingang. Klack, schon hat sie sich eingeschlossen. »Hier bleib ich! Hier wird man wenigstens nicht gejagt!«, motzt sie.

Das Problem ist nur, das Klo im Bad oben ist kaputt, und das neben dem Eingang ist gerade das einzige, das sie haben. Für Benny ist das kein Problem, er pieselt einfach in seine Windel. Aber Mia hat sowas schon ewig nicht mehr gemacht, und leider muss sie gerade. »Hey, lass mich da drauf«, ruft sie, doch die Hatze singt nur irgendein freches Lied.

»Auch mir wäre eine Toilette gerade wichtig«, sagt Papa und schaut grimmig drin.

»Geh in den Garten und wässere einen Busch«, empfiehlt ihm Mama.

»Vergiss es, ich muss groß!«, brummt Mias Papa.

»Lustig!«, sagt Benny und lacht. Aber der Rest der Familie will lieber keinen Haufen unter dem Rosenbusch.

»Wir müssen dringend mehr darüber herausfinden, wie man so eine Hatze hält«, schnauft Papa und holt seinen Laptop. Doch zum Thema »Hatze« spuckt die Suchmaschine nur eine einzige, geheimnisvolle Internet-Seite aus, unter der kein Name steht. Immerhin, es ist eine Seite mit Tipps!

»Wird deine Hatze frech, dann hilft nur, sie von Kopf bis Pfote mit dem Gartenschlauch nass zu machen«, liest Mama den wichtigsten Tipp von allen vor.

»Steht auch irgendwas darüber da, was man machen soll, wenn man gerade keinen Gartenschlauch hat?«, fragt Mia. Denn erstens haben sie sowas zwischen Esstisch und Eingangsbereich nicht und zweitens ist das mit dem Wasser in der Wohnung bestimmt nicht so gut.

»Leider nein«, sagt Papa und schaut ein bisschen ratlos drein.

Da hat Mia eine Idee. »Ich weiß was! Wir locken die Hatze zum Nassmachen raus und in den Garten.«

»Aber wie?«, fragt Benny. »Mit Gummibärchen?«

»Mit Neugier«, sagt Mia und flüstert den anderen ihren Plan ins Ohr. Papa sorgt dafür, dass die Tür zum Garten offen steht, Mama postiert sich draußen am Schlauch und Benny wird zum Allgemein Nützlichen Helfer ernannt. Das heißt, dass er nichts Bestimmtes zu machen braucht, aber sich trotzdem wichtig fühlen darf.

Dann ist es soweit. Es geht los. Wie vereinbart, fängt Mia im Wohnzimmer an zu rufen: »Papa, Papa, komm schnell, im Garten frisst uns ein Eichhörnchen gerade alle Nüsse weg!«

»Was? Das gibt's doch nicht ... oh, du hast recht!«

Klack! macht es, die Klotür geht auf und die Hatze schießt mit gespitzten Ohren heraus. »Wo ist das Eichhörnchen? Wo, wo, wo?«

»Im Garten!«, ruft Mia und rennt mit.

Die Hatze läuft über die Terrasse. Sie ist ganz schön schnell, aber Mias Mama auch. Aus dem Gartenschlauch schießt jede Menge Wasser, und einen Moment später ist die Hatze pitschnass. Sie wird sogar noch ein Stück durch die Gegend gekugelt vom starken Strahl. »Fiep-miiiiep!«, macht sie, kommt wieder auf die Pfoten und bleibt tropfend stehen.

»Achtung – ich glaub, hinter ihren Ohren ist sie noch trocken!«, ruft Mia.

Platsch! Papa schüttet der Hatze einen vollen Eimer über. Und Mia und Benny legen mit ihren Wasserpistolen los. Danach ist kein Fitzelchen Hatzenfell mehr trocken, so viel ist klar.

Einen Moment lang wirkt die Hatze verwirrt. Dann schüttelt sie sich, dass die Tropfen fliegen, und klappt die Ohren hoch. »Miuff! Das war aber ein starker Regenguss«, sagt sie und fängt ganz friedlich an, ihr Fell trocken zu schlecken. Das mit dem Eichhörnchen hat sie anscheinend vergessen.

»Das stimmt«, sagt Mia, lächelt und krault die Hatze am Kopf. Dann rennen sie und ihr Papa in Richtung Klo. Papa ist schneller. Zum Glück braucht er nicht lange. Mia auch nicht – und das ist gut, denn jetzt muss sie unbedingt los in den Kindergarten. Sonst verpasst sie den Morgenkreis!

»Kommst du mit?«, fragt sie die feuchte Hatze, und die nickt sofort.

Im Morgenkreis merkt Mia, dass Nico und Levin erstaunt ihr Spiderman-T-Shirt anschauen. Ob Zufall oder nicht, an diesem Tag ärgern die beiden sie nicht. Und noch mehr Kinder kommen zum Zaun, weil sie Mias neues Haustier unbedingt streicheln wollen. Auch wenn sie ein bisschen schwierig zu halten sind, Hatzen sind wirklich praktische Tiere, denkt Mia. Und so flauschig ... wenn sie nicht gerade nass sind!

Der Superranzen

»Ah, du markierst jetzt auch dein Revier«, sagt die Hatze und schaut sich in Mias Zimmer um. Dort liegen gerade Socken, Spiele und bunte Knete durcheinander, weil Mia wieder keine Lust hatte, aufzuräumen.

Eigentlich praktisch, denkt Mia, sagt: »Ja, genau«, und stellt noch ein paar Playmobilfiguren vor ihre Tür, damit man ganz genau sieht, wo das Revier anfängt.

Benny staunt die Figuren an. »Wozu ist das gut?«

»Die zeigen, dass das hier *mein* Gebiet ist«, erklärt Mia streng und blickt ihm in die Augen. »Mein Zimmer ist verboten, verstehst du?«

Benny setzt sich auf den Boden und fängt an, mit den Playmobilfiguren zu spielen. Mia seufzt.

»Funktioniert doch«, sagt die Hatze und wedelt mit dem Schwanz. »Jetzt kommt er gar nicht erst in dein Zimmer, weil er sich schon vor der Tür festspielt.«

Es ist ein großer Tag, denn heute wollen sie Mias Schulranzen kaufen gehen. Und ein Mäppchen und einen

Turnbeutel gleich dazu. Mia ist schon sehr gespannt. Kaum dass Mama das rote Familienauto aufgeschlossen hat, rennt sie schon hin und wirft sich auf die Rückbank. Doch die Hatze ist schneller. Sie zieht mit der Schnauze die Autotür auf, hüpft auf den Beifahrersitz, setzt sich kerzengerade hin und schaut durch die Windschutzscheibe.

»He, Moment mal«, sagt Papa. »Da sitze ich!«

Die Hatze bewegt sich keinen Millimeter.

»Hier hinten ist es viel bequemer«, sagt Mia schnell. »Außerdem können wir hier besser kuscheln.«

Schnell wie der Blitz springt die Hatze nach hinten und streckt sich quer über Mias Beine aus. Mia krault sie am Kopf, die Hatze gurrt wohlig und diesmal brauchen sie zum Glück keinen Gartenschlauch.

Bis zum Schreibwarengeschäft sind sie zehn Minuten unterwegs, und Mama schaltet beim Fahren das Autoradio an. Die Hatze stellt die Fledermausohren auf. »Oh, ihr habt Musik! Klingt nur ein bisschen langweilig. Zweistimmig ist viel besser.«

»Echt?«, sagt Mia.

Die Hatze hebt die Schnauze, kippt die Ohren zur Seite und legt los. Es klingt ein bisschen wie eine Feuerwehrsirene, in die jemand Zuckerguss gekippt hat. Mama krampft die Hände ums Lenkrad, Papa stöhnt auf und

Benny muss vor Schreck pupsen. »Schnell, mach das Radio aus, Gabriel! Dann hört sie vielleicht mit dem Krach auf«, ächzt Mama.

Doch Papa dreht den Knopf versehentlich in die falsche Richtung, und jetzt singen Ed Sheeran und die Hatze aus voller Kehle ein Duett. Weil das Autofenster halb offen ist, schauen ihnen Frau Müller von nebenan und ein paar andere Nachbarn mit offenem Mund nach.

Dann schafft Papa es doch noch, das Radio auszumachen. Benny und Mia klatschen dankbar, und geschmeichelt verbeugt sich die Hatze. »Danke, danke, ich freue mich, dass es euch gefallen hat.«

Zum Glück sind sie schon bald in der Stadt, und das Schreibwarengeschäft hat mindestens zwanzig verschiedene Schulranzen. Eigentlich dürfen Tiere nicht mit rein, aber die Hatze schleicht einfach hinter den Kassiererinnen vorbei nach drinnen und niemand merkt es.

Eifrig macht sich Mia daran, den schönsten und besten Ranzen auszusuchen. Soll sie den pinken mit dem Einhorn drauf nehmen oder lieber den blauen mit dem Delfin? Ihre Eltern finden beide gut.

»Ich teste mal, in welchem mehr Platz ist«, meint die Hatze und klettert in den mit dem Delfin hinein. Benny kichert und klappt schnell den Deckel zu. Mia muss lachen und setzt sich den vollen Schulranzen auf. Mit einem

Ranzen, der rumort und »Miuff!« macht, geht Mia eine Runde durchs Geschäft.

»Also, der ist sehr bequem«, hört sie die Hatze sagen.

»Dann nehme ich den, ich will ja, dass es meine Hefte gemütlich haben«, beschließt Mia und trägt Ranzen und

Hatze zur Kasse. Die Kassiererin guckt verblüfft, als sie Ohrenspitzen aus dem Ranzen auftauchen sieht. »He, Moment mal …«

»Ja, stimmt, ich müsste meine Ohren mal wieder putzen«, sagt die Hatze. Sie springt mit einem großen Satz hinaus und will gerade aus dem Geschäft schlendern.

Doch da sehen Mia und die Hatze jemanden, dem sie heute wirklich nicht begegnen wollen. »O je, da ist Levin aus dem Kindergarten«, sagt Mia erschrocken. Wenn so viele Erwachsene um sie herum sind, wird Levin sie wohl

kaum ärgern, oder? Nein, bestimmt nicht. »Das ist eine gute Gelegenheit zum Ausspionieren«, sagt Mia entschlossen und zieht die Hatze hinter einen großen Stapel Schulhefte in Deckung.

»So, ich hab bezahlt, kommst du?« Ihre Mutter gibt Mia einen Lutscher, den sie an der Kasse bekommen hat, den anderen klebt sich Benny gerade in die Haare und verkündet: »Ich bin ein Einhorn!«

»Komme gleich!«, sagt Mia.

Sonst ist der große, starke Levin immer mit Nico zusammen, doch jetzt ist er mit seinen Eltern hier und wirkt plötzlich gar nicht mehr so groß und stark. Eher ziemlich klein und still. Er hat sich einen Ranzen in Schwarz, Orange und Silber mit Raumschiffen darauf ausgesucht. Doch sein Vater reißt ihm das Ding aus der Hand und verkündet mit lauter Stimme: »Spinnst du, diesen Ranzen kannst du nicht nehmen, das ist miese Qualität! Such dir gefälligst was Richtiges aus! Kann ruhig teuer sein, schließlich sind wir nicht arm.«

Levin nickt stumm. Der Arme, er sieht nicht aus, als hätte er viel Spaß am Aussuchen.

Ganz plötzlich entscheidet sich Mia. Sie kriecht hinter der Deckung hervor, geht auf Levin zu und schenkt ihm ihren Lutscher. Einfach so. Levin schaut drein, als hätte ihn ein Krokodil geküsst.

»Bis morgen!«, sagt Mia freundlich zu ihm, dann rennt sie hinter Mama, Papa und Benny her, die gerade zum Ausgang gehen. Die Hatze flitzt im Zickzack vor ihr her, um Verkäuferinnen auszuweichen. Darin ist sie große Klasse, einmal rutscht sie sogar auf dem Bauch unter einem Hindernis durch.

»Meinst du, Levin ist so gemein, weil sein Vater so fies ist?«, fragt sie die Hatze auf dem Weg zum Auto. Sie versuchen gerade, nicht auf die Zwischenräume zwischen den Gehwegplatten zu treten.

»Manchmal ist es schade, dass man seine Eltern nicht umtauschen kann«, sagt die Hatze und klappt die Fledermausohren hoch. »Ah, wir sind schon beim Auto. Soll ich auf der Rückfahrt wieder was für euch singen?«

»Neeeeeiiiiin!«, schreit Mia.

Daheim umarmt sie ihre Eltern nacheinander ganz fest. »Euch würde ich niemals umtauschen!«

Ihre Mama lacht. »Wie kommst du jetzt darauf? Droht das etwa dem Ranzen?«

Nein, auch den will Mia auf jeden Fall behalten. Sie trägt ihn den ganzen restlichen Tag auf dem Rücken herum und Papa muss sie überreden, ihn wenigstens zum Abendessen abzusetzen. Danach räumt Mia noch zehnmal ihr neues Mäppchen ein und wieder aus, bis die Hatze eifersüchtig wird und anfängt, ihre Stifte zu verstecken.

»Was meinst du, Hatze«, sagt Mia irgendwann, als ihr Haustier gerade genüsslich einen Kakao schlabbert, »ärgert mich Levin morgen im Kindergarten? Oder nicht, weil er an den Lutscher denkt?«

»Das weiß nur die Riesenkatze, die jeden Monat den Mond sauberschleckt«, sagt die Hatze geheimnisvoll.

»Wenn du magst, darfst du heute ausnahmsweise in meinem Schulranzen schlafen«, bietet Mia ihr an. Die Hatze macht »Miuff« und kriecht gleich in den Ranzen. Kurz darauf dringt leises Hatzenschnarchen daraus hervor.

Goldrausch

Am nächsten Tag ist Mia gespannt. Ob die Mädchen mit ihr spielen, nachdem sie schon ein paarmal miteinander geredet haben? Tatsächlich, Mareike kommt mit zwei Pferdegeschirren in der Hand in ihre Richtung. »Magst du mitmachen?«, fragt sie.

»Klar!«, sagt Mia begeistert und fängt an, Nesrin anzuschirren, die schon schnaubt und mit den Hufen scharrt. Dann ruft sie: »Hüa!«, wie sie es schon bei den anderen gesehen hat, und schnalzt mit den Zügeln. Währenddessen macht Mareike mit ihrem Pony Sophie das Gleiche.

Sie rennen ein paar Runden über die Wiese des Kindergartens, dann machen sie erstmal Pause. Leider sind Nico und Levin in der Nähe. »Puh, du stinkst!«, ruft Nico ihr zu.

Schritt eins – nicht beachten, denkt Mia und steigt neben Mareike ins Klettergerüst hoch. Doch Levin, der leider der stärkste Junge im Kindergarten ist, packt sie um den Bauch, rupft sie einfach herunter und lacht. Das ist nicht mal das Schlimmste. Das Schlimmste ist, dass Mareike, Nesrin und Sophie einfach weiterklettern und nichts sagen.

»Lass mich sofort los, du miefiger Molch!«, faucht Mia Levin an und rennt zum Zaun, wo die Hatze es sich gemütlich gemacht hat. Traurig krault Mia sie am Kopf. »Es ist noch nicht viel besser geworden«, berichtet sie.

»Das dauert – leider«, sagt die Hatze und schleckt ihr tröstend über die Hand. »Ganz bald verrate ich dir Schritt drei.«

»Warum nicht jetzt?«

»Weil ich dir erst noch erzählen muss, was ich von einem Maulwurf gehört habe«, flüstert die Hatze, ihre grünen Augen funkeln. »Es soll hier im Kindergarten wertvolle Steine geben!«

»Oh!«, sagt Mia begeistert, denn schöne Steine sammelt sie. Sie hat sogar schon einen echten Türkis aus Amerika, den ihr Papa mal mitgebracht hat, außerdem einen Rosenquarz und ein Tigerauge. »Ich glaub, dann gehe ich gleich mal suchen.«

Mit Feuereifer beginnt Mia zu graben und hat bald einige vielversprechende Steine zusammen, die sie mit Wasser abspült. So kann sie sie genauer anschauen. Einer davon ist ein Quarz, da ist sie ziemlich sicher. Und Quarz kann Gold enthalten, das hat Mama ihr mal aus einem Buch vorgelesen!

Opa Valentino hat sie auch mal auf Steinsuche mitgenommen. Er hatte einen Hammer dabei und sie haben

viele Steine aufgeklopft, weil das Wertvolle oft innen drin ist. Mia sucht sich einen größeren Stein und einen kleineren zum Draufhauen, dann macht sie sich ans Aufklopfen.

Doch da kommt schon Frau Krone. »Mia, sowas darfst du nur mit Schutzbrille machen, das ist sonst zu gefährlich!«

Zum Glück hört die Hatze das und rennt davon. Als sie zurückkommt, hat sie eine Schutzbrille auf dem Katzengesicht. »War in eurem Keller«, erzählt sie stolz und schüttelt den Kopf so heftig, dass die Schutzbrille über den Zaun fliegt. Mia schnappt sie sich gleich und ruft: »Danke!«

Das Aufklopfen macht Spaß. Und plötzlich steht ein Junge in gestreiftem T-Shirt und Matschhose neben ihr, er hat verstrubbelte dunkelbraune Haare und freundliche Augen. Oh, das ist ja Lukas! »Was machst du da?«, fragt er neugierig.

»Ich suche wertvolle Steine«, sagt Mia und zeigt ihm ihren Fund. »In solchem Quarz kann Gold drin sein!«

»Oh, cool, ich mach mit«, sagt der Junge und fängt sofort mit dem Suchen an. Mia macht dafür weiter mit dem Aufklopfen, weil nur sie eine Schutzbrille hat.

Lukas kommt angerannt, in der Hand einen dunklen Stein, der winzige Glitzerpunkte enthält. »Ist das Gold?«, fragt er aufgeregt.

»Kann sein«, meint Mia, nachdem sie ihn sich gründlich angeschaut hat. Auf jeden Fall sieht er schön aus.

Es spricht sich schnell im Kindergarten herum, was sie und Lukas machen, und immer mehr Kinder fangen an, Steine zu suchen. Nesrin rennt mit ihrem Fund gleich zu Mia. »Du kennst dich doch aus! Ist das ein Wertvolli?«

Mia prüft den Stein. »Nein, leider nicht.«

Mareike kommt mit einem anderen Stein und fragt sie nach ihrer Meinung.

»Ja, das ist ein guter«, urteilt Mia. »Bergkristall, glaube ich.«

Nun haben sich einige Kinder Schaufeln geschnappt und fangen eifrig an, im Sandkasten nach interessanten Steinen zu buddeln. Dabei kommt das Rad eines Baggers zum Vorschein, das schon ewig verschwunden war. Eine Waschbärfigur aus Plastik. Und ein uralter gelber Bonbon.

»Den hat bestimmt vor ganz, ganz langer Zeit ein Kind hier verloren«, sagt Lukas beeindruckt und klopft den Dreck davon ab. »Bestimmt ist das Kind jetzt schon erwachsen.«

»Oder sogar schon ein alter Opa«, meint Mia.

Lukas grinst. »So alt, dass all seine Zähne ausgefallen sind und er keine Bonbons mehr essen darf!«

»*Ich* darf Bonbons essen, aber den da kann ruhig jemand anderes haben«, meint Mia und muss lachen.

»He, schaut mal, was ich gefunden habe!«, ruft Andy, eins der jüngeren Kinder. »Ist das ein brauner Stein?«

Alle reichen das seltsame Ding herum, dann bekommt es Mia, damit sie es aufklopft. Dabei bröselt ein Stück davon ab. »Ich glaube, das ist gar kein Stein«, sagt Mia, während Andy ihr neugierig über die Schulter späht.

Mareike und Nesrin gehen näher heran. »Iiiih! Das ist alte Katzenkacke!«

Andy schnuppert daran, sagt: »Stimmt – schade«, und wirft das braune Ding über den Zaun. Die Hatze geht in Deckung. Zum Glück wird sie nicht getroffen, stattdessen fliegt das Katzenkackestück in hohem Bogen in das weiße Cabrio von Levins Vater. Weil er gerade aussteigt, merkt er nichts von dem, was jetzt auf seinem Beifahrersitz liegt. Mia und die anderen Kinder müssen ganz furchtbar kichern – niemand mag Levins Vater so richtig.

»Habt ihr dieses Ding alle angefasst?«, fragt Celine, die inzwischen mitbekommen hat, was sie gefunden hatten. »Abmarsch, alle zum Händewaschen!«

Zusammen mit zwanzig anderen Kindern drängt Mia sich im Bad, danach haben sie alle blitzblanke Hände und dürfen wieder raus. Andy, ein anderer Junge und ein Mädchen fangen an, das tiefste Loch zu graben, das es in diesem Sandkasten jemals gegeben hat. Aber die meisten anderen wollen lieber Wertvollis aufspüren.

»Ich hab noch einen mit Gold!«, jubelt Lukas und zeigt ihr seinen neuesten Glitzerstein.

»Toll«, freut sich Mia. So viel Spaß hat sie in diesem Kindergarten noch nie gehabt.

»Das mit den Steinen war eine richtig gute Idee von dir«, lobt Mia ihre Hatze, als sie von ihrer Mama abgeholt wird, und die Hatze wedelt mit dem Schwanz. Anscheinend hatte sie sogar noch mehr gute Ideen, denn über das weiße Cabrio von Levins blödem Papa ziehen sich mehrere bunte Tatzenspuren. Als Levins Vater aus dem Kindergarten zurückkommt, bleibt ihm der Mund offen stehen.

Aber nicht lange. »Wer war das?«, brüllt er, hüpft um sein Auto herum und versucht die Spuren abzuwischen. Dadurch sieht es jetzt aus, als wäre ein Regenbogen auf sein Auto gefallen.

»Richtig hübsch«, sagte Mia, und auch Levin sieht aus, als würde es ihm gefallen.

»Bin ganz zufällig in deinen Farbkasten reingetreten, Mia«, behauptet die Hatze und guckt unschuldig. »Soll ich dir jetzt Schritt drei verraten?«

»O ja!«

»Er lautet: *Such dir Verbündete, denn zusammen seid ihr stark.*«

»Ein Verbündeter ist sowas wie ein Freund, oder?«, fragt Mia. »Ich glaube, Lukas könnte sowas sein. Bei Mareike weiß ich es noch nicht.«

Soll sie Lukas morgen mal fragen, ob er sie daheim besuchen will? Sie ist noch nicht sicher, ob sie sich das traut.

Aber eins ist sicher – heute Abend spendiert sie der Hatze eine große Portion Waffeln mit Kakao!

Das tollste Raumschiff des Universums

Das Problem, ob Mia Lukas fragen soll, erledigt sich von selbst. Als sie wieder mal zusammen Steine suchen, fragt Lukas nämlich sie, ob sie am Nachmittag mit ihm spielen will! »Ich baue gerade ein Raumschiff, vielleicht magst du dabei mitmachen?«, meint er.

»O ja«, sagt Mia sofort. Nur leider hat sie überhaupt keine Ahnung von Raumschiffen – sie muss ganz dringend ihre Hatze fragen! Die hat gerade vor dem Zaun ihr Mittagsschläfchen angefangen, sie liegt auf dem Rücken, streckt alle vier Pfoten in die Luft und schnarcht. Es tut Mia leid, sie zu wecken, aber das hier ist eindeutig ein Notfall. Mia steckt ein Stöckchen durch den Zaun und kitzelt die schlafende Hatze am Bauch.

Die Hatze zappelt mit allen vier Pfoten, macht »Miuff-uffuff!« und klappt dann ein Auge auf. »Was ist? Soll ich wieder einen deiner Feinde zerkratzen?«

»Nein, heute nicht«, sagt Mia. »Weißt du, wie man ein Raumschiff baut?«

»Natürlich«, versichert ihr die Hatze. »Wohin soll es fliegen können? Mond, Mars, Jupiter?«

Mia ist erleichtert. »Bis zum Mond reicht, aber ich brauche es heute Nachmittag«, meint sie.

»Geht klar«, brummt die Hatze und klappt ihr eines Auge wieder zu. Einen Moment lang passiert nichts. Dann klappt ihr anderes Auge auf. »Darf ich mitfliegen?«

»Ja, aber dann müssen wir einen Gartenschlauch einbauen«, sagt Mia.

Kurz bevor sie losmüssen, meint die Hatze: »Am besten, wir bringen ein bisschen Baumaterial mit. Was habt ihr denn so? Steuerdüsen, Kontrolllampen, Hitzeschilde?«

»Im Keller finden wir bestimmt ganz viel«, ist Mia sich sicher, denn ihr Papa wirft nicht gerne etwas weg, und er sammelt jeden Krempel. Im Wohnzimmer darf er ihn nicht stapeln, dafür ist der Keller vollgestopft.

»Toll hier«, ruft die Hatze im Keller, springt mit Anlauf in das Durcheinander und wühlt sich hindurch, sodass Gegenstände in hohem Bogen nach allen Seiten fliegen. Auch Mia schaut sich um nach Sachen, die man vielleicht für ein Raumschiff gebrauchen könnte. Ab und zu wirft die Hatze gezielt etwas, das dann vor Mias Füßen landet – ein silbernes Rohr, ein Stück Metallfolie, ein

Kabel und noch vieles andere, das sich immer höher türmt.

»So, das wird reichen«, sagt Mia schließlich zufrieden, was die Hatze mit einem kräftigen »Miuff!« bestätigt. Wedelnd schaut sie zu, wie Mia die Sachen in einen großen Beutel stopft. Jedenfalls all die, die reinpassen.

Zum Glück wohnt Lukas nicht weit weg, nur eine Querstraße von Mia entfernt. Als ihre Mama sie hinbringt, scheint sie gar nicht ärgerlich, dass Mia so viele Sachen aus dem Keller mitnimmt. Eher im Gegenteil.

Mia ist aufgeregt, aber es hilft, dass die Hatze neben ihr über den Bürgersteig tappt und sie ab und zu die freie Hand in ihrem weichen Fell vergraben kann. Zum Glück begrüßt Lukas sie und die Hatze sehr nett: »Hallo, da seid ihr ja – was hast du da in der Tüte? Noch ein seltsames Tier?«

Mia muss lachen. »Nee, eins reicht. Das sind Ausrüstung und Baumaterial.«

Lukas wirft einen Blick in den Beutel und ist begeistert. Nachdem sie sich mit Saft und Keksen gestärkt haben, zeigt er ihr, wie sein Raumschiff bisher aussieht. Es ist ein großer Pappkarton in seinem Zimmer, mit silberner Farbe angesprüht.

»Cool«, findet Mia und kriecht gleich mal durch die offene Luke ins Innere.

»Da fehlt noch einiges, aber das bekommen wir hin«, stellt die Hatze fest, packt den Beutel mit den Zähnen und kippt ihn aus. »Also los, an die Arbeit! Wir befestigen schnell mal die Antriebsdüsen, ja?«

Plötzlich wird der Karton herumgerollt, und Mia quiekt auf, weil sie kaum noch weiß, wo oben und unten ist. »He!«

Schnell kriecht sie wieder nach draußen und kitzelt Lukas und die Hatze zur Strafe durch. Als sie damit fertig sind, sich auf dem Boden zu wälzen, fangen sie wie die Wilden an zu arbeiten. Sie schneiden neue Fenster in die Pappe, kleben die Kabel außen auf, befestigen die Antenne und alle Rohre für den Antrieb. Das Kontrollpult bekommt ein echtes Lämpchen mit Batterie, das blinken kann. Ein Strohhalm im Dach wird die Sprechverbindung.

»Hierhin das Hitzeschild«, kommandiert die Hatze aufgeregt und hüpft herum wie ein Gummiball. »Und dort die Antenne!«

»Also, noch wichtiger finde ich eine Kekshalterung«, sagt Mia. »Ja, ganz eindeutig brauchen wir eine Kekshalterung. Wie sollen wir sonst da drinnen Picknick machen?«

Kurz darauf hat das Raumschiff einen Picknicktisch aus Pappe.

»Und wir brauchen eine Gemütlichmachung!«, findet Lukas und schleift ein paar Decken und Kissen heran, damit man sich drinnen richtig einkuscheln kann.

»Was ist mit Licht?«, fragt Mia, und Lukas rennt los, um eine Taschenlampe zu holen.

»Wie wäre es mit einem eigenen Briefkasten?«, fragt die Hatze und steckt die Nase durch eins der Fenster.

Also bekommt das Raumschiff einen Briefschlitz, durch den sich Lukas und Mia gleich mal Kritzelbotschaften hin- und herschicken.

»Von außen sieht es noch zu langweilig aus«, findet Mia, und sie machen sich daran, das Raumschiff mit großen bunten Stiften und Lukas' Sammlung von Aufklebern zu verschönern.

»Das wird das tollste Raumschiff der ganzen Welt!«, ruft Lukas und malt ein paar rote Rennstreifen auf.

»Nein, des ganzen Universums!«, behauptet Mia und pappt ein paar glitzernde Fisch-Aufkleber um die Fenster herum.

Nur die Hatze klappt skeptisch die Ohren zur Seite. »Das stimmt. Aber ich bin nicht sicher, ob unser Raumschiff es bis zum Mond schafft.«

»Macht nichts«, meint Mia. »Komm, wir starten und fliegen eine Runde.«

»Mit wem redest du?«, fragt Lukas verdutzt.

»Die Hatze hat gemeint, dass wir vielleicht nicht bis zum Mond fliegen können.«

»Ach, das macht nichts.«

»Hab ich ihr auch schon gesagt.«

Sie kriechen alle drei hinein, schließen die Luke und starten. Es ist ziemlich dunkel im Raumschiff, aber sehr gemütlich. Obwohl der Wedelschwanz der Hatze ihr ab und zu übers Gesicht streift und irgendjemand gerade gepupst hat.

Sie knabbern Kekse und Mia lacht darüber, wie Lukas' Gesicht aussieht, wenn er sich die Taschenlampe unter das Kinn hält. Die Hatze kann nicht genug davon bekommen, das Blinklämpchen im Kontrollpult mit der Nase ein- und auszuschalten.

Lukas späht durch eins der Fenster. »Ich sehe den Mond, wir haben es geschafft!«

Leider klingelt es in diesem Moment an der Tür. Kurz darauf meldet sich Lukas' Mama durch die Sprechverbindung: »Erde an Raumschiff, bitte landen, die Astronautin soll abgeholt werden.«

Total schade! Sie legen eine Express-Landung hin und klettern heraus.

»Besuchst du mich bald wieder?«, fragt Lukas.

»Ganz bald«, versichert ihm Mia. »Und morgen suchen wir wieder wertvolle Steine im Kindergarten, ja?«

»Ja!«, bekräftigt Lukas und streichelt die Hatze zum Abschied.

Mia hüpft und tanzt den ganzen Weg bis zu ihrem Haus, und die Hatze tänzelt mit gespitzten Fledermausohren vorneweg. Jetzt habe ich endlich einen Freund gefunden, jetzt wird im Kindergarten alles besser, denkt Mia, und ihre Mutter freut sich über ihre gute Laune.

Nur ihr Vater ist beim Abendessen ein bisschen ratlos. »Weiß jemand, wo das Röhrchen von der Kaffeemaschine ist? Gestern war es noch im Keller ...«

»Keine Ahnung«, sagt Mia, was nicht gelogen ist, weil sie höchstens eine Antenne, aber auf keinen Fall irgendwas von einer Kaffeemaschine an ihr Raumschiff gebaut haben. Und Mama verdreht sowieso nur die Augen und murmelt, dass im Keller ganz dringend mal wieder aufgeräumt werden müsse.

Später schaut Mia zu, wie die Hatze es sich mit ihrer Schmusedecke in ihrem Koffer gemütlich macht. Dann gibt sie ihrem Haustier einen Gutenachtkuss auf die Schnauze. Die Hatze sagt: »Schlaf gut und träum was Schönes vom Weltraum!«

»Mach ich«, sagt Mia – und tatsächlich, das klappt.

Wilde Wasserschlacht

»Wollen wir wieder Steinesuchen spielen?«, fragt Lukas Mia am nächsten Tag gleich nach dem Morgenkreis.

»Ja, klar!«, antwortet Mia, und sie wechseln sich beim Aufklopfen ab.

»Wie habt ihr das nur geschafft, der ganze Kindergarten ist im Goldrausch«, lacht Celine, die Erzieherin, als wieder jede Menge Kinder mitmachen. Nico und Levin natürlich nicht, aber immerhin machen sie Mia gerade keinen Ärger.

Am Vormittag sind viele Wolken am Himmel, aber am Nachmittag, als Mia wieder daheim ist, wird es richtig heiß. »Bei so einem Wetter brauche ich einen kalten Kakao, das ist sehr wichtig für meinen Kreislauf«, verkündet die Hatze, die sich im Garten unter einem schattigen Busch räkelt. Sie hat sich mal wieder die Sonnenbrille ausgeliehen. »Bringt mir mal jemand den Kakao? Und Waffeln dazu, bitte. Am besten schnell. Meine Pfoten fühlen sich schon ganz schlaff an vor Hunger!«

»Waffeln bekommen wir nur ab und zu«, erklärt ihr Mia. »Du kannst ein Knusperbrot haben, wenn du willst.«

Die Hatze schmollt mit runterhängenden Ohren. »Wie, keine Waffeln? Was ist mit dem Kakao?«

»Es ist keine Milch da. Mama kauft gerade neue ein.«

»Bratzkratz!« Beleidigt fängt die Hatze an, ihre Krallen am Bezug der Gartenbank zu schärfen, dann macht sie sich daran, drei oder vier Blumen auszugraben, die Mias Mama erst vor ein paar Tagen dort gesetzt hat. Erdklumpen fliegen in alle Richtungen, krümeln in Mias Haare und prasseln gegen Papas Zeitung. Plop-plop-plop machen sie gegen das Papier, bis seine gerunzelte Stirn über der Kante auftaucht. Danach bekommt seine Stirn die Bröckchen ab.

Ah, die Hatze wird mal wieder frech! Zum Glück weiß inzwischen jeder in der Familie, was in solchen Fällen zu tun ist. Sofort rennt Mia zum Gartenschlauch und ruft Papa: »Wasser marsch!«, zu. Papa dreht auf und Benny schnappt sich eine der Wasserpistolen. Natürlich die größte, die fast so groß ist wie er.

Doch diesmal ist es gar nicht so leicht, die Hatze zu erwischen. Sie springt hoch wie ein Gummiball, sodass der Wasserstrahl unter ihr durchschießt. Dann fängt sie an, durch den Garten zu flitzen, dass die Grasfetzen fliegen. Anscheinend sind ihr Kreislauf und ihre Pfoten auch ohne Kakao wieder prima in Ordnung.

Bennys Schüsse gehen meilenweit daneben und treffen stattdessen Mia. Dafür rächt sich Mia, indem sie ihn mit Wassernebel aus dem Schlauch besprüht. »Ja! Mehr!«, ruft Benny begeistert, und das kann er haben.

»Wer quält hier kleine Brüder?«, trompetet Papa und versucht Mia einen vollen Eimer überzukippen. Doch Mia weicht schnell aus, und jetzt ist Benny noch nasser. Er strahlt. Seine kurze Hose und sein T-Shirt kleben an ihm wie eine Wurstpelle.

»Haha, seht ihr albern aus! Menschen sind sowas von ungeschickt!«, trällert die Hatze und wackelt mit dem pelzigen Popo in ihre Richtung. Inzwischen hat sie sich auf den Apfelbaum gerettet, aber da erwischt Mia sie bestimmt! Sie jagt abwechselnd die Hatze und ihren Papa mit dem Wasserschlauch, was nicht leicht ist, wenn man dabei so viel lachen muss.

»Dürfen wir mitmachen?«, ruft plötzlich jemand. Auf der Straße stehen Mareike, Sophie und Nesrin.

»Ja, klar«, sagt Mia, und die drei Mädchen rennen los. »Wir holen schnell unsere Wasserpistolen!«, verkündet Mareike im Vorbeilaufen.

Als die drei schwer bewaffnet und praktischerweise gleich im Badeanzug zurückkommen, geht es richtig rund im Garten. Mia tankt alle paar Momente in einem Eimer nach und Benny übernimmt den Gartenschlauch. Johlend beschießt jeder jeden, und Mia findet es herrlich erfrischend, getroffen zu werden. Sie ist schon nass von Kopf bis Fuß, und das ist bei der Hitze genau das Richtige!

Nur die Hatze ist noch völlig trocken und tanzt vergnügt auf einem Ast des Apfelbaums herum. »Gib's ihr!«, feuert sie Mia an. »Nass und nasser, gut und besser!«

Da trifft die Hatze ein Schwall Wasser, Papa hat sich aus dem Hinterhalt mit einem vollen Eimer angeschlichen. Völlig überrascht plumpst die Hatze vom Ast wie ein reifer Apfel. Und landet auf der Nase.

»Ich dachte, Katzen fallen immer auf die Pfoten«, sagt Nesrin kopfschüttelnd.

»Das ist keine Katze, sondern eine Hatze«, versichert ihr Mia. »Anscheinend können die sowas nicht, dafür aber eine Menge anderer Sachen.« Mitleidig knuddelt sie ihr triefendes, verwirrt dreinblickendes Haustier durch, dann stürzt sie sich wieder in die Schlacht. Papa und sie jagen Mareike und Nesrin um den Apfelbaum.

»Schnell, Benny, du erwischst sie!«, ruft Mia, und Benny versucht Mareike im Jagdfieber mit dem Schlauchstrahl zu treffen. Doch so richtig im Griff hat Benny das mit dem Schlauch nicht. Ein glitzernder Wasserstrahl schießt über die Hecke und auf die Straße hinaus.

»He!«, ruft eine Männerstimme, und entsetzt halten sie alle inne. O je, anscheinend haben sie irgendjemanden getroffen, der draußen vorbeigegangen ist! Hoffentlich gibt das keinen Ärger.

Vor Schreck lässt Benny den Schlauch los, der windet sich wie eine Schlange und sprüht jetzt in alle Richtungen. Papa und Mia versuchen ihn einzufangen, aber bis sie das hinbekommen, kriegt jeder noch eine Menge Wasser ab. An der Hecke kommt das Gesicht von Levins Vater zum Vorschein, es ist rot wie eine Verkehrsampel und klatschnass. »Das ist unglaublich! Da fährt man einfach so durch die Gegend und plötzlich wird mein Cabrio zum Schwimmbad! Frechheit!«

»Entschuldigung!«, rufen Mia, Mareike und Sophie fast gleichzeitig.

»Das war wirklich nicht unsere Absicht«, sagt Papa, und vor sich hin grummelnd zieht Levins Vater ab. Mia hört es in seinen Schuhen schwappen und muss sich beide Hände vor den Mund halten, um nicht loszukichern. Vielleicht findet er es nach einer Weile gar nicht mehr so schlimm, ein Auto mit eigenem Pool zu haben?

»Vielleicht stellt uns Frau Krone morgen im Kindergarten den Rasensprenger und die Pumpe an«, sagt Mareike. »Dann machen wir erstklassige Matschepampe.«

»Das wäre toll«, meint Mia. Sie kann es kaum glauben, aber vielleicht wird das auch morgen wieder ein guter Kindergarten-Tag!

»Bevor ihr das mit der Pumpe macht, bastele ich mir einen Ganzkörper-Schutzanzug«, brummt die Hatze und schüttelt ihr triefendes Fell aus. Alle kreischen. Nur Benny nicht. Der ist völlig erschöpft und in ein Handtuch gewickelt auf der Gartenbank eingeschlafen.

Das Regen- wurmhotel

Das mit der Matschepampe im Kindergarten klappt prima. »Eins-a-Qualität«, lobt die Hatze, als Mia ihr ein bisschen was davon über den Zaun wirft. Sie zeigt Mia, wie man im Matsch Spuren liest. »So sieht es aus, wenn eine Hatze hier entlanggerannt ist«, sagt sie und macht es vor. »So sieht es aus, wenn die Hatze ganz langsam gegangen ist, und so sieht es aus, wenn sie auf den Hinterbeinen ge- hüpft ist.« Die Hatze stellt sich auf die Hinterbeine und hüpft so ein paar Schritte. »Und SO sieht es aus, wenn sich eine Hatze im Matsch GEWÄLZT hat!«

Mit Anlauf wirft sie sich in die Pampe und strampelt darin herum. Aus der Hatze wird ein Matschmonster mit lustigen grünen Augen, braun verklebten Fledermaus- ohren und einem Wedelschwanz, der Pfützenwasser durch die Gegend sprüht. Alle Kindergartenkinder staunen und klatschen.

»Ich hab gehört, Katzen sind sehr saubere Tiere und machen sich nie dreckig«, sagt Lukas erstaunt.

»Das kann ja sein, aber das hier ist eine Hatze, und Hatzen lieben Matsch!«, erklärt ihm Mia.

»Ach so«, sagt Lukas.

Ein bisschen wartet Mia darauf, dass Mareike sie fragt, ob sie sich mal am Nachmittag verabreden wollen. Aber sie fragt nicht, und stattdessen macht das Lukas. »O ja, gehen wir diesmal zu mir?«, schlägt Mia vor und freut sich.

Doch als Lukas dann in ihrem Zimmer hockt, können sie sich nicht einigen, was sie spielen wollen. Mia will Playmobil. Lukas lieber Autos, doch Mia hat leider keine Autos. Mia schlägt vor, Zauberduell zu spielen, aber darauf hat Lukas keine Lust. Lukas holt ein Puzzle aus dem Regal, aber Puzzles findet Mia inzwischen langweilig.

O je, denkt Mia besorgt. Das klappt heute gar nicht mit dem Spielen. Ob Lukas trotzdem noch ihr Freund sein will?

»Los, kommt raus in den Garten und helft mir!«, ruft ihre Mama, die in alten Klamotten am Beet herumwerkelt, ausgerupfte Pflanzen wieder zurückpflanzt und neue Blumen setzt. Darauf haben zum Glück Mia und Lukas Lust.

Sie rennen in den Garten, bekommen einen Kinderspaten und dürfen Löcher buddeln. Interessiert schaut die Hatze zu und schnüffelt den Boden ab. Dann springt sie plötzlich mit allen vier Pfoten in die Luft. »Alarm!«, ruft sie. »Ein Regenwurm! Der braucht dringend einen Platz im Hotel!«

»Im Hotel?«, fragt Mia und nimmt den Regenwurm, den sie versehentlich ausgebuddelt haben, vorsichtig in die Hand. Er ist rosa-braun und so lang wie ihr kleiner Finger. Total niedlich.

»Ja klar.« Die Hatze hat die Ohren gespitzt und scheint darauf zu lauschen, was der Regenwurm sagt. »Meinst du, er mag hier herumkriechen, während ihr mit Stiefeln über den Boden stapft und ihn womöglich mit dem Spaten auf den Kopf haut? Nein, natürlich nicht, er wartet lieber in einer gemütlichen Unterkunft.«

Mia erklärt Lukas die Sache, dann fragt sie die Hatze: »Wie geht das denn mit dem Regenwurmhotel?«

»Schritt eins – nehmt einen kleinen Eimer«, erklärt ihr Haustier. Gesagt, getan. »Schritt zwei, füllt frische Erde rein.«

Mia übersetzt Lukas, was die Hatze gesagt hat, und sofort legt ihr Freund los. »Mach schnell«, feuert Mia ihn an, denn der Regenwurm hat es offensichtlich eilig, in sein neues Hotel zu kommen. Er windet sich unruhig in Mias Hand.

»Schritt drei, feuchtet die Erde ein kleines bisschen an, damit das Hotel so richtig gemütlich wird«, erklärt die Hatze.

Das erledigt Mia sofort mit der freien Hand und einer Blumenspritze. Bald kann der erste Gast ins Hotel einziehen. »Gibt's noch einen Schritt vier?«

»Miuff!«, kommt sofort zur Antwort, was wohl »Ja« heißen soll. »Legt noch ein paar alte Blätter aus dem Kompost oben drauf, dann haben die Gäste was zu futtern und die Erde bleibt schön frisch.«

»Tolle Idee«, sagt Mia. »Schließlich braucht jedes Hotel ein Restaurant!«

Nachdem das erledigt ist, kann der Regenwurm endlich einziehen. Sofort fängt er an, sich in die wunderbar saftige Erde einzubuddeln.

»Der ist top-zufrieden«, sagt Mia und klatscht sich mit Lukas ab.

»Unser Hotel hat mindestens vier Sterne!«, behauptet Lukas.

Mia grinst. »Nein, fünf! Oder zehn!«

»Hier wäre noch ein Hotelgast«, sagt ihre Mama und stellt kurz den Spaten ab. Sofort stürzen Lukas und Mia zum Schauplatz und retten einen dicken, fetten Wurm vor dem Austrocknen an der Sonne.

Gut, dass sie das Hotel haben! Denn jetzt kommt ein Gast nach dem anderen. Es sind so viele, dass die Hatze vorschlägt, einen Transportservice einzurichten. In kleinen Blätterschiffchen schickt Mama die Regenwürmer auf dem Rücken der Hatze zu Mia und Lukas. Die sorgen dann dafür, dass der neueste Gast ins Hotel einziehen kann. Ab und zu feuchten sie die Erde nach. Ein Riesenspaß und viel zu schnell kommt die Mutter von Lukas und will ihn abholen.

»Wir treffen uns bald wieder, ja?«, meint Lukas.

Mia nickt heftig.

Benny, der den Nachmittag bei der Oma verbracht hat, hilft Mia schließlich, das Hotel in den Kompost auszuleeren.

»So viele Murmis!«, jubelt er, »Wurm« kann er noch nicht sagen.

»Da drin finden die Regenwürmer es himmlisch«, sagt Mia und beobachtet zufrieden, wie ihre ehemaligen Gäste sich in den Kompost eingraben.

»Echt?« Zweifelnd schaut sich Benny die schimmeligen Kartoffelschalen, den alten Salat und die gelbgrünen Reste vom letzten Rasenmähen an. »Murmis wohnen hier?«

»Aber hallo«, sagt Mia. »Für die ist das da drin so, als würden sie mitten in einem Bonbonladen leben, mit Regalen aus Schokolade und einem Ofen voll frischer Pizza!«

Benny ist sehr beeindruckt. Der Hatze fällt ein, dass sie Hunger hat. Und Mia auch.

»Tschüss, Wurmis!«, sagt Mia und winkt ihnen zum Abschied.

Drinnen gibt es tatsächlich Pizza, diesmal aber für Menschen. Die Hatze bekommt auch ein Stück, sogar mit Salami. Aber erst, nachdem ihr Mia im Garten jede Menge getrockneten Matsch aus dem Fell gebürstet hat!

Die große Einhorn-Suche

Beim nächsten Morgenkreis setzt Mia sich neben Mareike, und ihr Herz hüpft wie ein Frosch, als Mareike ihr zulächelt. »Deine Hatze ist doch so schlau«, sagt sie, bevor es losgeht. »Darf ich sie nachher mal was fragen?«

»Äh, ja klar. Was denn?«

Mareike sieht sich um, und dann flüstert sie Mia ins Ohr: »Ob es Einhörner wirklich gibt und vielleicht eins hier in der Nähe wohnt. Meinst du, das weiß deine Hatze?«

»Natürlich!«, behauptet Mia und hofft, dass es auch wirklich so ist. Sonst wird es peinlich! Vielleicht hätte sie besser nicht so viel versprochen?

Als sie in den Garten dürfen, ist die Hatze gerade nicht da. Wahrscheinlich auf Forschungsreise. Sowas macht sie öfters. Aber nach dem Mittagessen ist sie zurück und lässt sich wieder am Zaun kraulen. Als Mareike ihre Frage stellt, schielt sie ganz kurz, so wie manchmal, wenn sie richtig gründlich nachdenkt. Mia hält den Atem an.

»Allerdings«, sagt die Hatze. »Es gibt sie, und eins davon lebt gar nicht weit weg.«

Erleichtert übersetzt Mia, was die Hatze gesagt hat, und
dann müssen sie erstmal ganz dringend jubeln und im Kreis
tanzen.

»Was ist denn mit euch los? Habt ihr ein Pony ge-
schenkt bekommen, oder was?«, fragt Lukas, beide Hände
voller Steine.

Mia und Mareike werfen sich einen Blick zu und sagen
beide gleichzeitig: »Ach, nichts. Nein, wieso?« Denn das
mit dem Einhorn ist natürlich supertotal ultrageheim.

»Gehen wir es heute Nachmittag suchen?«, fragt
Mareike, und Mia antwortet sofort: »Klar!«

Heute ist Oma-Tag bei Mia, weil Mama und Papa län-
ger arbeiten müssen. Oma mag es gemütlich, und Mia sieht
ihr an, dass sie jetzt am liebsten auf der Terrasse sitzen,
ihren indischen Tee mit dem komischen Namen trinken
und eine Computer-Fachzeitschrift lesen will. Aber das
geht heute leider überhaupt nicht.

»Bitte, bitte, Oma, kannst du mitkommen, wenn wir
einen Fahrradausflug machen?«, bettelt Mia. Die Hatze setzt
sich auf ihre Füße und macht ganz große, liebe Augen.
Mehr sieht man nicht von ihr, weil sie sich in ihre Schmusedecke gewickelt hat.

Oma seufzt und trinkt ihren Tee aus. »Na gut. Deine Mama hat sowieso gesagt, du sollst das Fahrradfahren üben. Dann mal los!«

Mit einem großen Satz springt die Hatze aus ihrer Schmusedecke, es sieht fast aus, als würde eine kleine grau-gestreifte Rakete starten. Ein paar Minuten später kommt Mareike an. Sie sind beide so aufgeregt, dass Mia sich wie wild ihre drei neuesten Mückenstiche kratzt.

»Hast du Flöhe? Oder Läuse?«, fragt Mareike und rückt ein Stück von ihr ab.

»Iiiih, nein«, ruft Mia und wundert sich, dass die Hatze plötzlich losrennt. Hat die etwa Angst vor Flöhen? Nein, sie kommt nur mit einem grünroten Blatt im Maul zurück. »Sauerampfer! Hilft gegen Mückenstiche«, sagt die Hatze und wedelt. »Schritt eins ...«

»Oh danke. Ich schaff das schon.« Mia reibt den abge-rissenen Stengel und das zusammengeknüllte Blatt auf ihr Bein. »Fühlt sich gleich besser an.« Aber furchtbar aufge-regt ist sie immer noch!

Zu viert machen sie sich auf den Weg. Lässig thront die Hatze im Fahrradkorb der Oma, hält die Nase in den Wind und stößt ab und zu ein »Miuff!« aus, wenn sie abbiegen sollen.

Inzwischen sind sie aus dem Ort raus, um sie herum sind Felder und Wiesen, auf denen saftiges Gras wächst oder gelb der Raps blüht.

»So weit bin ich noch nie geradelt«, erzählt Mia ihrer neuen Freundin stolz … und dann ruft die Hatze plötzlich laut: »Halt!«

Mia schreit ebenfalls: »Halt!«, und blickt sich um. Sie sind an Pferdekoppeln angekommen, auf denen einige

Tiere grasen. Es gibt mehrere braune, ein schwarzes und ein weißes.

»Da vorne ist das Einhorn«, erklärt die Hatze, springt elegant aus dem Fahrradkorb und tänzelt auf die Koppel zu. »Das weiße!«

Mia übersetzt für ihre Freundin, sie lassen beide ihre Fahrräder fallen und rennen zur Koppel. Auf den ersten Blick sieht das Einhorn aus wie ein gewöhnliches weißes Pferd auf einer schon ziemlich zertrampelten und kurz gefressenen Weide. »Aber das ist nur Tarnung«, erklärt die Hatze.

»Ach so, niemand darf wissen, was es ist, oder?«, fragt Mia.

»Das Horn hat es bestimmt weggezaubert«, sagt Mareike, sie sieht begeistert aus. »Aber nur, während es in den Ferien auf diesem Hof ist.«

»Na ja, andere sagen, es hat sein Horn nur verschlampt«, sagt die Hatze und kratzt sich ausgiebig hinter dem Ohr. »Sowas kommt vor.«

»He, Einhorn!«, ruft Mia, und, ob Zufall oder nicht, das weiße Pferd hebt den Kopf und blickt zu ihnen hinüber.

Sofort machen sich Mia und Mareike daran, ihm die Ferien in ihrer Welt noch ein bisschen zu verschönern. Sie reißen Löwenzahn und Kräuter aus, so schnell sie können. Das Einhorn kommt zum Zaun und lässt es sich schmecken.

»Immer schön auf der flachen Hand«, erinnert sie Oma.

Ein paar andere Pferde trotten ebenfalls heran und wollen beim Picknick dabei sein. Kein Problem, es ist genug für alle da. Mareike krault das Einhorn am Kopf. »Es ist so süß!«

Die Hatze klappt die Ohren herunter. »Wissenschaftliche Untersuchungen haben ergeben, dass Hatzen doppelt so flauschig sind wie Pferde!«

Mia muss lachen, während sie ihre Hatze umarmt. »Du bist das allerbeste Tier der Welt! Das ist ganz klar.«

Doch jemand ist da anderer Meinung – ein Hofhund, der anscheinend hier wohnt und die Pferde beschützt. Er regt sich hinter dem Zaun auf, und weil die Hatze ihr schnell über das Ohr schleckt, kann Mia alles verstehen. »He, allerbestes Tier der Welt! Sag deinen Dosenöffnern, dass hier Füttern verboten ist!«

»Keine Sorge, die beiden geben ihm nur Sachen, die es sowieso gefressen hätte«, sagt die Hatze höflich und wedelt.

Der Hund stutzt und denkt angestrengt nach. »Äh, stimmt«, meint er dann und wedelt zurück. »Na ja, dann macht nur weiter. Ihr habt nicht zufällig 'n klitzekleines Würstchen für mich dabei? Die fress ich sonst auch, ganz ehrlich!«

»Also, *dich* dürfen wir garantiert nicht füttern, sonst kriegen wir Ärger«, meint Mia mitleidig zu ihrem neuen Hundefreund. Währenddessen mampft ihr das Einhorn ein Büschel Gras aus der Hand.

Dann steigen sie alle auf ihre Fahrräder, weil Mias Oma langsam wieder loswill.

»Tschüss, Einhorn!«, ruft Mareike und winkt. »Wir besuchen dich bald wieder.«

»Also echt jetzt, Einhorn«, sagt die Hatze. »Kümmer dich mal darum, dass du bald dein Horn wiederfindest.«

Das Einhorn schnaubt. Vielleicht mag es keine frechen Bemerkungen. Oder es will einfach noch mehr Löwenzahn. Den gibt es beim nächsten Besuch auf jeden Fall!

Ein Abschied und eine Überraschung

Bald ist ihre Zeit im Kindergarten vorbei – schade eigentlich, denkt Mia, denn in letzter Zeit war es richtig spaßig hier. Lukas und Mareike sind ihre Freunde geworden, und bald dürfen sie alle zusammen im Kindergarten übernachten! Das wird toll, trotzdem freut sich Mia noch viel mehr auf ihre erste Klasse in der Grundschule.

Alle Vorschulkinder malen zusammen ein rundes Plakat, auf dem groß »Schön war's« steht. An den Rand des Plakats kommt ein bunter Handabdruck von jedem, der den Kindergarten verlässt. Nico macht mit der einen, blau angemalten Hand seinen Abdruck und versucht mit der anderen Hand, Mias Kunstwerk zu verwischen. »Vergiss es«, sagt Mia und schiebt ihn weg. Nico guckt verdattert – sein Abdruck sieht nun eher aus wie eine blaue Schleifspur.

»Das ist deine Schuld!«, meckert Nico, aber Mia beachtet ihn und Levin einfach nicht.

Später sieht sie, wie die beiden Jungs zwei jüngere Kinder – Amelie und Finn – ärgern, als gerade keine Erzieherin hinschaut. Nico nimmt ihnen die Schaufel weg. »Holt euch doch eine andere, ihr Babys!«

»Also, das geht gar nicht«, sagt Mia zu ihrer Hatze, die sie wie so oft am Zaun besucht. »Ich glaube, ich muss den Kleinen mal die drei Schritte beibringen, wie man gemeine Kinder besiegt!«

»Miuff!«, sagt ihre Hatze und sieht sehr zufrieden aus.

»Wir müssen was tun«, sagt Mia zu Lukas und Nesrin, die gerade in der Nähe spielen und auch gesehen haben, was passiert ist. Zu dritt gehen sie zu den beiden Kindern, die gerade traurig dreinschauen. »Wir sind jetzt eure Beschützer«, verkündet Lukas stolz. Nico und Levin lachen verächtlich, trauen sich aber nicht mehr heran.

»Das ist echt nett.« Amelie lächelt zu Mia hoch. Mia nimmt sie an der Hand und hilft ihr, eine andere Schaufel zu suchen. »Wenn sie euch irgendwas Blödes zurufen, dann achte einfach nicht darauf, ja? Tu so, als wären dir die Gemeinlinge egal. Das ist übrigens Schritt eins.«

»Okay«, sagt Amelie und schaut fragend auf ihre Füße. »Ich hab aber schon mehr Schritte gemacht als einen.«

Mia muss grinsen. »Wart ab, ich erkläre dir das später richtig.«

Frau Krone kommt heran, vielleicht hat sie ja doch etwas mitbekommen. »Haben Nico und Levin euch geärgert? Ich weiß, das machen sie nicht zum ersten Mal!« Deshalb geht diesmal auch ein echtes Donnerwetter über die beiden nieder. »Jungs, wenn ihr das nochmal macht, dann ist die Kindergartenübernachtung für euch gestrichen!«

Nico und Levin sehen aus wie Badesee-Schwimmtiere, bei denen jemand den Stöpsel gezogen hat. Da ist richtig die Luft raus. Mia kann fast sehen, wie sie schrumpfen. Kein Wunder, bei der Übernachtung wollen sie unbedingt dabei sein.

Zufrieden gehen Lukas und Mia wieder Steineklopfen spielen. »Ich hab bald Geburtstag«, sagt Lukas plötzlich. »Magst du zur Feier kommen?«

»Klar«, meint Mia glücklich und sieht, dass auch Mareike gerade Einladungen verteilt. Gespannt beobachtet Mia, wer eine bekommt – ob sie auch eine kriegen wird? Vier Kinder haben schon eine Karte: Nesrin, Sophie und zwei Jungen. Dann geht Mareike plötzlich auf Mia zu und streckt ihr die Hand mit einer bunten Karte entgegen. »Da, das ist für dich!«

»Danke!« Mia ist glücklich.

Nur mit der Hatze stimmt etwas nicht, die ist irgendwie so still heute. Und als sie wieder daheim sind, trägt sie einen Gegenstand nach dem anderen im Maul zu ihrem Köfferchen und lässt ihn hineinfallen. Den Aufziehhamster. Das Gerät, von dem Mia nicht mehr weiß, wie es heißt. Die Kuscheldecke. Benny hilft ihr, den Wetzstein für die Hatzenkrallen zu suchen, und findet ihn unter dem Sofa.

»Was machst du?«, fragt Mia erschrocken. »Willst du verreisen?«

Die Hatze kuschelt sich in ihre Arme. »Gerade habe ich einen neuen Auftrag bekommen. Ich muss weg. Leider!«

Mias Augen fangen an zu prickeln. »Aber warum? Kannst du nicht bei mir bleiben? Es ist so toll, wie du mir hilfst!«

»Du brauchst meine Hilfe nicht mehr«, sagt die Hatze und schleckt ihr mit ihrer warmen Zunge über die Hand. »Andere Kinder schon.«

Benny fängt an zu heulen. »Hatze soll dableiben!«

Am liebsten würde Mia mitheulen, aber dann tut sie es doch nicht, schließlich ist sie schon groß. »Ich hab dich lieb«, sagt sie stattdessen. »Besuchst du mich ab und zu?«

»Das mach ich, schließlich hab ich dich auch lieb!« Dass die Hatze auch traurig ist, kann Mia sehen, ihre großen Ohren hängen schlaff herunter.

Zum Abschied macht Mia ihrer Hatze ein großes Festessen. Es gibt eine ganze Packung Waffeln und eine Riesentasse Kakao. Benny spendiert einen Schokoriegel, der nur ein kleines bisschen geschmolzen ist, weil er mal versehentlich draußen in der Sonne gelegen hat. Ihre Eltern geben eine Runde Gummibärchen aus.

»Wie schade, dass dein Tier weg muss«, sagt Mama und sieht aus, als hätte sie ausnahmsweise nichts dagegen, dass die Hatze sich in ihrem Lieblings-Fernsehsessel breit macht.

»Ja, das ist echt schade«, meint Papa und schaut misstrauisch in seine Kaffeetasse, bevor er einen Schluck nimmt. »Jetzt müssen wir einen anderen Grund finden, um Wasserschlachten zu veranstalten.«

Obwohl Mia so traurig ist, muss sie lachen.

Sie winken der Hatze alle vier hinterher, als sie ihr Köfferchen ins Maul nimmt und aus der Haustür spaziert. Ein letztes Mal dreht sie sich noch um und schaut zu ihnen hinüber, dann trabt sie davon und verschwindet zwischen

ein paar Büschen. Ob ein Hubschrauber kommt und sie abholt? Oder vielleicht sogar ein Raumschiff?

Die Katzen der Nachbarin, Schnaufi und Raufi, sitzen am Straßenrand und gucken verdutzt drein. »Wohin geht das komische Tier?«, fragt Schnaufi.

»Vielleicht muss es zum Tierarzt«, antwortet Raufi.

Die beiden schauen ein bisschen mitleidig drein.

Mia winkt immer noch, als die Hatze längst nicht mehr zu sehen ist. Anscheinend merkt Papa, wie sie sich fühlt, denn er nimmt sie in die Arme. »Hast du schon gewusst, dass wir eine Überraschung für dich haben?«, fragt er, und Mama nickt lächelnd.

»Eine Überraschung?« Mia schafft es irgendwie, den Kopf zu heben.

»Wir haben gesehen, wie gut du dich um ein Tier kümmern kannst«, sagt ihre Mama feierlich. »Deshalb haben wir uns überlegt, dass du und Benny zwei Meerschweinchen haben dürft, wenn ihr wollt. Vielleicht hilfst du Benny ja ein bisschen bei der Pflege.«

Ob Mia will? Soll das ein Witz sein? »O ja, o ja, vielen Dank, das ist toll!«, schreit sie. Benny hüpft herum wie ein aufgeregtes Meerschweinchen und quiekt dazu. Mama lacht, geht in die Küche und kommt mit einer geschälten Karotte zurück. Ruckzuck hat Benny die wegmümmelt, er mag nämlich Gemüse.

Mia weiß, dass sie die Hatze nie vergessen wird, aber sie freut sich trotzdem auf ihr Meerschweinchen. Gleich am nächsten Tag gehen sie in die Zoohandlung. Dort dürfen sie sich beide ihr Tier aussuchen und einen Käfig, Trinkflasche und Futterschalen dazu. Benny wählt ein geflecktes Meerschweinchen mit rosa Nase und Wuschelfell aus, er tauft es Schweini.

Mia weiß sofort, dass sie das hellbraune, mollige Schweinchen haben will. Es kommt zutraulich zum Gitter, um an ihren Fingern zu schnuppern. »Du bist bestimmt nicht so schlau wie eine Hatze, aber auch sehr süß«, flüstert ihm Mia zu.

»Willst du wirklich das da? Das ist ganz schön moppelig«, meint Papa.

»Ja, und?«, verteidigt Mia ihr neues Tier sofort und sagt ihm durchs Gitter: »Weißt du was, ich nenne dich Matze!« Das klingt wie Hatze und Moppel zusammengenommen und gefällt ihr richtig gut. »Hast du auch irgendwo ein Köfferchen? Wenn ja, dann pack es jetzt bitte, weil du zu mir nach Hause mitkommen darfst.«

Matze antwortet nicht. Aber er stellt sich auf sehr niedliche Art auf die Zehenspitzen und presst die Nase durchs Gitter, und das reicht Mia als Antwort.

Danksagung

Es gibt Momente im Leben einer Autorin, wo man einfach beherzt »Ja« zu einer Geschichte sagen muss. Zum Beispiel, wenn der kleine Sohn zur Tür hereinkommt und verkündet, er sei fortan eine Hatze. Das sei ein sehr, sehr kluges und sehr seltenes Tier, das »Miuff!« sagt. Vielen Dank, Robin, für diese Idee und die vielen Jahre, in denen dieses wunderbare Wesen schon bei uns wohnt und unser Leben bereichert! Vieles von dem, was im Buch gelandet ist, hat sich übrigens in seinem Kindergarten in Olching so abgespielt.

Vielen Dank auch an Christian für seinen Anteil an der Hatzendressur und die lustigen Brainstormings, an Tatjana Kröll und Theresa Scholz vom Knesebeck Verlag dafür, dass sie diesem Buch eine Chance gegeben haben, an meine Praktikantin Celine Schmidtke für die Unterstützung und meine Agenten Gerd F. Rumler und Martina Kuscheck für die engagierte Betreuung.

Sylvia Englert, Jahrgang 1970, wollte schon als Kind Autorin werden … und hat das nach Zwischenstationen als Lektorin und Journalistin schließlich geschafft. Inzwischen hat sie schon viele Jugendromane (unter dem Pseudonym Katja Brandis) und Kinderbücher veröffentlicht – mit der *Wörterwerkstatt* war sie für den Deutschen Jugendliteraturpreis nominiert. Ihre *Woodwalkers*-Romane schaffen es regelmäßig auf die SPIEGEL-Bestsellerliste. Fragen beantwortet sie richtig gerne, deshalb gibt es sieben Bände aus der »Frag doch mal die Maus«-Kindersachbuch-Reihe von ihr. Doch sich witzige Antworten für den *Warumwolf* und lustige Geschichten über die *Hatze* auszudenken, hat ihr noch deutlich mehr Spaß gemacht. Sie lebt mit Mann, einem sehr neugierigen Sohn und drei Katzen in der Nähe von München.

Sabine Dully stammt gebürtig aus der Pfalz, studierte Kommunikationsdesign in Trier und lebt heute mit ihrem Mann in Köln. Dort illustriert sie Kinderbücher, isst Waffeln und entwirft die unterschiedlichsten Welten und Charaktere für Film und Fernsehen. Nachdem sie viele Jahre als Art Directorin einer Designagentur arbeitete, gründete sie gemeinsam mit Eva Dax das Kinderbuchteam Dully&Dax, um sich seit 2017 ausschließlich um schöne Geschichten und schräge Figuren kümmern zu können.

Deutsche Originalausgabe
2. Auflage 2020
Copyright © 2019 von dem Knesebeck GmbH & Co.
Verlag KG, München
Ein Unternehmen der Média-Participations

Text © Sylvia Englert
Illustrationen © Sabine Dully
Die Autorin und Illustratorin werden vertreten durch die
Autoren- und Projektagentur Gerd F. Rumler, München
Satz: satz & repro Grieb, München
Gesamtherstellung: Arnold & Domnick, Leipzig
Druck: PNB Print Ltd
Printed in Latvia

ISBN 978-3-95728-089-3

www.knesebeck-verlag.de